IL LIBRO VEGANO SUPERFACIL PER PRINCIPALI

100 posti facili e veloci per il giorno e la giornata

GIANNI MURFIA

© COPYRIGHT 2022 TODOS LOS DERECHOS RESERVADOS

Il presente documento ha lo scopo di fornire informazioni accurate e affidabili sull'argomento e sull'argomento in discussione. La pubblicazione si basa sull'idea che l'editore non è obbligato a fornire servizi contabili, ufficialmente autorizzati o comunque qualificati. Qualora sia richiesto l'assessore, legale o professionale, questi deve nominare una persona fisica che eserciti la professione.

In nessun modo è legale riprodurre, duplicare o trasmettere qualsiasi parte di questo documento su supporti elettronici o in formato cartaceo. Questa pubblicazione è severamente vietata e la pubblicazione di questo documento non è consentita se non con il permesso dell'editore. Tutti i diritti riservati.

Dichiarazione di non responsabilità pubblicitaria, le informazioni in questo libro sono preziose e complete secondo la nostra convinzione e comprensione. Tutti i consigli sono garantiti dall'autore o dall'editore della storia. L'autore e l'editore sono responsabili dell'assunzione di responsabilità in relazione all'uso di queste informazioni.

Tabella dei contenuti

INTRODUZIONE 9
INCASSI VEGANI 10
   Streusel vegano 10
   2. Helado vegano di lampone 12
   3. Papilla Vegana con Fresh 14
   4. Tarta vegana sin horno 16
   5. Helado de platano vegano 18
   6. Gallet Vegani con Doppie Gocce di Cioccolato 20
   7. Rodaja vegani al platino 22
   8. Freccia Pisto de vegan 24
   9. Mousse vegana al cioccolato con patatine fritte ... 26
   10. Tarta vegana al cacao e piantaggine 28
   11. Bombe vegane Brownie per galloni 30
   12. Brownies vegani 33
   13. Ciotola del Buddha con calabaza e spinaci 35
   14. Leche de avena al limone 37
   15. Insalata di pomodori e melone 38
   16. Calabacines marinados ya la plancha 40
   17. papas fritas 42
   18. Insalata di pomodori 44
   19. Chutney di calabacín 46

20. Maki de verduras 48

21. Sopa de col para adelgazar................................50

22. Sal de ajo silvestre 52

23. Wok tofu e velocità verde 53

24. Tofu mediterraneo per untar.................................55

25. Insalata tailandese di peperoncino e pepino 57

26. Pesto di pomodoro e peperoni............................59

27. Ricetta base del trigo sarraceno.......................... 61

28. Ricetta Base Amaranto...63

29. Ricetta base di mijo 64

30. Insalata alfanumerica con vegetazione................66

31. Tofu di mostaza e limone con verdure al pepino..68

32. Patate di mais con broccoli..................................70

33. Avena al horno con moras.....................................73

34. Bizcocho di mantequilla intelligente con mandorle 75

35. Penne con salsa di pomodoro e ceci........................77

36. Focaccia de masa madre...79

37. Alforfone cuenca con castagne........................... 81

38. Insalata di camoscio 83

39. Hamburguesa de avena con remolacha y nueces .85

40. Quesadillas veganas..88

41. Pasta feta di riso salata dal corno 90

42. Spirelli con salsa di pomodoro, lenticchie e feta 92

43. Insalate miste di uova con acqua e rallado di pecorino 94

44. Tortilla de queso con hierbas 96

45. Sartén de verduras e trigo 98

46. Verduras al horno con aderezo de mostaza y ajo 99

47. Hamburguesa de zanahoria y sésamo con aguacate 102

48. insalata di funghi 104

49. Insalata di torta piccante 106

50. Insalata verde con pneumatici pavo 108

51. Pane schiacciato e formaggio 110

52. Coliflor Arroz Pilaf 112

53. Lasaña de espárragos y trufa 115

54. Hongos portobello rellenos 117

55. Ñoquis alla romana 119

56. Alcachofas estofadas 122

57. Pasta piccante di mozzarella 124

58. Calabacines e patatas a la plancha 126

59. zuppa di pomodoro 129

60. Albondigas saladas de quark 131

VBOCADILLO EGAN 134

61. Sandwich Di Tofu E Miso 134

62. Sandwich De Espárragos Trigueros Y Champiñones 136

63. Sandwich Con Pepinos, Zanahorias Y Espinacas. 139

64. Panino al tofu vegano 141

65. Sandwich vegano per llevar 143

66. Pane Pan De Pita E Sanfaina 145

67. Panino all'aguacato 147

68. Calabacín Mutabal 149

69. Sandwich de albóndigas veganas 153

70. Cena prugal con panino vegano in escabeche 156

71. Panini De Miga "Light" 157

72. Sanguche Vegano De Seitán 159

73. Panino vegano 162

74. Molto facile da leggere 163

75. Pan De Ajo 165

76. Sandwich De Verduras 167

77. Sandwich ligero de verduras 168

78. Salchicha Tipo Salchicha Para Sandwiches 169

79. Sandwich De Champiñones, Espinacas e Tomate. 171

80. Masa para arepas 173

RICETTE SNACK E INSALATE 175

81. Sandía helada en un palito 175

82. Patatine di verdura al horno 177

83. salsa al caramello 179

84. Scaglie di pimento dal corno 181

85. pan piano 182

86. Tofu crocifero e piccante 184

87. calabaza al horno 185

88. Mermelada de pera con bayas 187

89. Lampade "Halloween" di Apple 188

90. Tostada De Aguacate Frankenstein 190

91. Insalata di riso e funghi 192

92. Insalata di pepino 194

93. Insalata di pomodori con semola di calabaza aceita 196

94. insalata di spinaci con mango 198

95. Insalata di calabacina piccante 200

96. Insalata di Butifarra vegana con ceci ... 202

97. Insalata di calabacin e zanahoria 203

98. Insalata di lenticchie e cous cous 204

99. Insalata di pasta 206

100. Insalata fresca 208

CONCLUSIONE 210

INTRODUZIONE

Oltre alle proteine e ai carboidrati, il nostro corpo ha bisogno di una sana somma di vitamine e minerali. Frutta e verdura sono ricche di minerali, vitamine, carboidrati e fibre, secondo gli studi. I piatti della cucina vegana fanno bene alla salute perché non contengono conservanti né additivi, e non sono liberi di mangiare. Solitamente preparato sul piatto o sui cocinados. Lo yogurt avenue, l'insalata verde, l'insalata di pomodori, il muesli crudo intero e la zuppa verde sono alcune ricette vegane. Le ricette vegane sono semplici e facili da preparare. Solo i valori sono indicati per le persone con disabilità che mantengono la salute e il colesterolo eccessivi. Di conseguenza, la cucina vegana è nota per la sua praticità e benefici per la salute.

INCASSI VEGANI

Streusel vegano

ingredienti

Base:

- 3 pezzi. manzana
- 30 g di grasso di cocco
- 120 g di zucchero (morena)
- 1 stecca di cannella
- 100 g di fragole
- 100 g di lamponi

STREUSEL:

- 100 g di integrale trigo integrale

- 100 g di avena
- 100 g di grasso di cocco
- 100 g di zucchero (morena)

preparazione

1. Per lo streusel vegano, preriscaldare prima il corno a 200°C.
2. Gioca le manzane e le carte in altre tre piccole file. Derrita l'asso del cacao in una cacerola. Aggiungere la manzana pantalone, lo zucchero e la cannella e il cocco e aggiungere fino ad amalgamare le manzane. Dejar y mezclar con las bayas. Poner todo en une fuente per horno. Platone.
3. In un'altra palla, amasar con las manos el aceite de coco, la harina, los copos de avena y el azúcar y assparcir el crumble sober la fruta.
4. Lasciare sul corno per 20 minuti e servire il crumble vegano.

2. Helado vegano di lampone

ingredienti

- 2 piatti (bien maduros)
- 1/2 cucharadita de vainilla bourbon (estratto di molida o vainilla)
- 2 cucaradas de jarabe de arce
- 200 g di lamponi (congeladas o frescas)

preparazione

1. Per l'helado vegano al lampone, prima il piatto è ben cotto.
2. Cortar in pantaloni più piccoli e colocar nel congelador per almeno 4 ore. Pon i lamponi nel congelador o usa rasbuesas congeladas. Rimettere i platani ei lamponi congelati dal congelador e colóquelos in un liquore.

3. Aggiungere il bourbon alla vaniglia tritato o l'estratto di vaniglia e il succo di arba.
4. Rimuove tutto bene e servirà subito l'helado vegano al lampone.

3. Papilla Vegana con Fresh

ingredienti

- 3 cucharadas de avena (las tiernas)
- 1 tazza di leche di soia (in alternativa avena leche)
- 1 puñado de fresas (in alternativa otras bayas u otras frutas)

preparazione

1. Per la papilla vegana con fresas, per togliere le teste di avocado con il liquore di soia dovreste averle in una comoda papilla. Se necessario, aggregare leche aggiuntive.
2. Saque las congaadas del congelador la noche anterior e déjelas descongelar duran lache noche. Al contrario, i baya (o qualsiasi altro

frutto o pianeta che muore) sono in piccoli e meticolosi coni con le teste di viali.
3. È probabile che la papilla vegana con fresas venga viziata con formaggio tostato al cacao e mangiata calda. Il modo migliore per entrare in empatia con la giornata.

4. Tarta vegana sin horno

ingredienti

Per la suola:

- 200 g di mandorle
- 200 g di dettagli (preferibilmente Medjool)
- 1 camera da letto

Per l'anacardus mezcla:

- 400 g di anacardi
- 2 limoni (solo jugo)
- 1/2 oncia bourbon cucharadita (molido o semillas de una vaina de vainilla)
- 100 ml di aceite di cocco
- 100 ml di sciroppo d'agave (potete usarne di più per la dulzura)
- 250 g di arandanos (affreschi, se in piedi, primo primer)

preparazione

1. Per il vegano bizcocho sin hornear, deja remojar los anacardos durante la noche.
2. Per la base, mescolare le mandorle ei dettagli con una saliera in un robot da cucina oppure il robot da cucina deve ottenere un bicchiere liscio per la legatura del crogiolo. Tome un poco de masa en la mano; se la massa va bene, è perfetta.
3. Trasformate l'impastatrice in uno stampo per pastelli e schiacciate uniformemente con le mani.
4. Mezcla l'aceite de coco y el jarabe de agave. Coulem gli anacardos remojados e coloquelos in un robot da cucina o robot da cucina. Aggregue jugo de limón, vainilla y aceite de coco con jarabe de agave y revuelva todo hasta que quede suave.
5. Estendere 2/3 dell'anacardia in maniera uniforme sulla base. Aggiungere gli arandanos al resto del composto e versare per amalgamare bene. Estendere la mezcla arandanos attorno alla mezcla anteriore. Metti il pastello sul congelador.

6. 30 minuti prima di servire, preparare il crudiel pastel di conchador e tritarlo con un tibio.
7. Sirve la tarta vegana sin hornear.

5. Helado de platano vegano

ingredienti

- 2 piatti (bien maduros)
- 1/2 tazza di vaniglia bourbon (estratto di molida o vaniglia)
- 2 cucaradas de jarabe de arce

preparazione

1. Per la piantaggine della salute vegana, gioca ai pianeti buoni.
2. Cortar in pantaloni più piccoli e colocar nel congelador per almeno 4 ore. Ritira i pianeti del conquistatore e dei colloqui in un unico liquore.
3. Aggiungere il bourbon alla vaniglia tritato o l'estratto di vaniglia e il succo di arba.
4. Rimuove tutto bene e servirà all'istante il piatto vegano vegano.

6. Gallet Vegani con Doppie Gocce di Cioccolato

ingredienti

- 110 g mantequilla (vegana)
- 100 g di zucchero (bianco)
- 100 g di zucchero (morena)
- 1 cucchiaio di leche di soia (o leche di mandorle)
- Estratto di estratto da 1 oncia
- 125 g di arina
- 55 g di cacao in polvere (senza zucchero)
- 1 tazza di bicarbonato di sodio
- 1/4 cucharadita di sal
- 100 g di cioccolato nero (vegan, cortado en trozos)

preparazione

1. Per i Gallet Vegani Doppio Cioccolato, preriscaldare prima il clacson a 180°C e poi abbassare e programmare la temperatura a 160°C con convezione.
2. Ponga il succo di moreno, lo zucchero bianco e la mantequilla vegana nel contenitore per mezclar Kenwood Chef e mezcle con el gancho K a fuego medio. Luego aumenta lentamente l'estratto di aceto.
3. Assaggiare separatamente l'harina e il cacao in polvere e aggiungere la polvere di corno e il sale.
4. Mezcle gli ingredienti umani e secchi e rinnovalo in modo pulito fino a formare una consistenza minuscola. Luego agregue la soy de soya y siga revolviendo hasta que se forma masa espesa para galletas.
5. Unire i pezzi di cioccolato e formare la massa in bolitas. Estensori di maniere uniformi in fasce per corde cornute con carta a corno per haya spazio sufficiente tra la forca quando si è sotto un poco.
6. Dopo 10 minuti, corno corno e déjalo enfriar. Il centro delle galettes vegane al doppio cioccolato aún viene mescolato poi hornarlo, ma ritorna con il tempo.

7. Rodaja vegani al platino

ingredienti

Per la suola:

- 200 g di frutta secca (mista)
- 150 g di dettagli (secondi)
- 5 cucaradas de arabe de arce

Per la pienezza:

- 1000 g di yogurt di soia
- 100 ml di leche di soia
- 10 cucaradas de jarabe de arce
- 1 bottiglia di vino (polpa)
- 1 cucharadita di agar agar
- 5 pianeti

- 2 mermelada cucharadas (afrutada)
- 2 cacharadas de cacao en polvo (para espolvorear)

preparazione

1. Per le bacchette vegane, prima macinate fondamentalmente le noci, le noci senza hueso e l'araba de arce in un robot da cucina. Debe per convertire in una massa di pioli. Stendete la mezcla in un angolo sagomato con carta corno e planare, spennellate la base con la mermelada. Coloque ecima i pianeti e parti della città.
2. Mezclar la leche de soia con l'agar agar e lasciare l'ebollizione eliminando costantemente, cocer a fuego lento della durata di circa 1 minuto e luego mezclar con el yogur, la pulpa de vainilla y el jarabe de arce.
3. Vierta el yogur sobrio los plátanos y alise. Enfriar durante varias horas.
4. Le canne vegane platan e spolvorear appena ante da servire con cacao in polvere.

8. Freccia Pisto de vegan

ingredienti

- 1 tazza (s) di freccia
- 1 tazza (i) di caldo de verduras
- 1 cebolla (90 g)
- 1 calabacina (150 g)
- 1 bacca (260 g)
- 1 pomodoro (90 g)
- 1 peperone (160 g)
- 4 cucchiai di olio d'oliva
- 1/2 vaso di salsa di pomodoro (con albaaca, 200 g)
- 1 cucharadita al curry
- 4 chorritos di salsa verde
- deve
- 2 cucharadas de perejil

preparazione

1. Per l'arroz ratouille vegano, prima mezcle una tazza d'acqua con la zuppa verde in una cacerola e vivi fino all'ebollizione, luego agregue l'arroz y cocine hasta che è la lista.
2. Mientras tanto, corta la cebolla, el calabacín y la berenjena en cubos pequeños y corta los pimientos en tiras finas. Coprire il pomodoro a cubetti grandi.
3. Contiene l'olio d'oliva nel sarten e la prima cocaina per vaporizzare il cavolo cappuccio in una ciotolina. Luego agregue los pimientos, la berenjena y el calabacín e fríalos duras dos minutos. Luego agrega el pomodoro.
4. Condire le verdure con sale, curry e salsa verde, aggiungere la salsa di pomodoro al sartén e cuocere per altri 5 minuti.
5. Infine prendete un perejil e girate sulla ratatouille de verduras. Fissate la freccia e servite con quelle verdi. Sirve ratatouille di arroz vegan.

9. Mousse vegana al cioccolato con patatine fritte

ingredienti

- 400 g di tofu sedoso
- 250 g di Manner cobertura
- 3 zollette di zucchero in polvere
- 5 cucharadas de espresso (gratuito)
- 1 cucharada de ron (o licor de cafè)
- Per le parole:
- 200 g di macinato
- 1 tazza di zucchero in polvere
- 20 hojas de menta

preparazione

1. Per la mousse vegana al cioccolato con affreschi accorciare la copertura a pezzetti. Rimuovere da una bottiglia d'acqua.
2. Mentre è così, "mezcle" il tofu è fondamentalmente con un robot da cucina. Aggiungere il cioccolato, la polvere nella polvere, l'espresso e il ron e revuelva fino ad ottenere un composto finissimo. Prepara la mousse al cioccolato nei vasetti o nelle pinze e congela.
3. Ritira il numero di taglierini e carte in piccoli mucchi. Mezclar con azúcar en polvo y menta.
4. Preparare la mousse vegana al cioccolato insieme alle patatine fritte e servire.

10. Tarta vegana al cacao e piantaggine

ingredienti

- 500 g di platano (molto affamato, appesantito)
- 75 g di arina
- 75 g di teste di farro
- 50 g di cacao in polvere (senza zucchero)
- 50 g de nueces (picadas)
- 50 g di arandano (secos)
- 100 ml di aceite di cocco
- Copos de cocco (para espolvorear)

preparazione

1. Forra il fondo di uno stampo amovibile (20 cm di diametro) con della carta di corno e incidi

le paredes (puoi anche usare uno stampo per tarta). Preriscaldare il clacson a 160°C.
2. Triture los platanos. Aggiungere il resto degli ingredienti tranne il cacao e i pozzetti di mezcla per la mezcla quede omogenea.
3. Verter en el molde smontabile. Hornear dura 45 minuti.
4. Deje enfriar, espolvoree con hojuelas de Coco y Sirva.

11. Bombe vegane Brownie per galloni

ingredienti

Per la massa di galloni:

- 150 g di anacardo mantequilla
- 75 g di zucchero (morena)
- 1 confezione di aceto
- 75 ml di leche di mandorle
- 1 camera da letto
- 180 g di arina
- 2 cucharadas de pistachos (facoltativo e volontario)

Per la massa del brownie:

- 200 g di zucchero
- 1 confezione di aceto
- 50 g di cacao in polvere

- 200 g di salamoia
- 200 g di cioccolato (negro)
- 100 g di composta di manzana
- 100 ml di girasolo aceite
- 200 ml di leche di mandorle

preparazione

1. Preriscaldare il forno a 160°C calorico arriba/abajo.
2. Ponga harina per la masa de galletas en un recipiente apto para horno y coloque en elo horno precalentado duren un 15 minutes. Sembra che faccia bene.
3. Mentre così tanti, tutti gli ingredienti per la perdita di peso per la perdita di peso e il rapido aumento di peso hanno un peso liscio e flessibile.
4. Per la massa di brownie, prima mescolate tutti gli ingredienti in una ciotola capiente.
5. Rimuovi il cioccolato nero dal bagnetto e aggiungilo in sequenza con tutti gli ingredienti liquidi.
6. Metti la massa di brownie in uno stendardo e in un corno per 25 minuti a 180 ° C.
7. Luego, dice che la massa è libera mentre si lavorano i pistacchi nella massa per galloni e

la forma di palline dello stesso tamaño possibile.
8. Rimuovere la massa di brownie e coprire le palline di massa per galloni con essa.

12. Brownies vegani

ingredienti

- 190 g di harina (dolce)
- 30 g di cacao in polvere (senza zucchero)
- 1/2 oncia di pannocchia di tartaro
- 1/2 tazza di bicarbonato di sodio
- 1 vino Vainilla bourbon (polpa)
- 1 stanza in vendita
- 80 g di bicchiere di zucchero (tamizada)
- 140 g di copertura di cioccolato nero (vegano, liquido, 60% di cacao)
- 60 g di marmellata di grosella
- 100 g di composta di manzana
- 40 ml di acetato di girasolo
- 125 ml di soia ardente bambino

preparazione

1. Per i brownies, mescolare prima la cagliata con il cacao per la miscela di brownie vegani e il tamice in uno strato. Polvere aggregata a corno con bicarbonato di sodio e mezcle. Aggregare gli ingredienti rimanenti un'oncia e riempire brevemente con il latticello (varillas mezcladoras), altrimenti la mezcla diventerà una compagnia solida.
2. Coloque un pennarello per corna (18 x 32 cm) in una benda per hornear rastremata con papel per hornear. Verter la masa y alisar.
3. Metti la benda nel mezzo del precalante della tubercolosi.
4. Calore superiore/inferiore: ca. 170°C (gas: livello 2)
5. Aria condizionata: ca. 150°C (gas: livello 2)
6. Hornado Tiempo: ca. 12 minuti
7. Cortar los brownies enfriados en trozos.

13. Ciotola del Buddha con calabaza e spinaci

ingredienti

- 200 g di calabaza Hokkaido (tagliata a cubetti)
- 100 g di canoni
- 100 g di spinaci tiernas
- 1 aguacato
- 150 g di quinoa

Per l'indirizzo:

- 3 cue chart di nuez
- 2 cucharadas de vinagre de sidra de manzana
- deve
- pimento

Adornare:

- 1 pugnado de nueces
- 1 pasticcio

preparazione

1. Scolare la pelle della calabaza, cortelizzare a cubetti e colloquia brevemente in un corno di fontana con un pizzico di olio d'oliva, sale e pepe.
2. Infornate i datteri di calabaza a 180°C per 20 minuti.
3. Preparare la quinoa secondo le istruzioni sulla confezione.
4. Cortar el aguacate por la mitad y cortar en tiras.
5. Mettere a palla la lechuga, cospargere con la quinoa, l'aguacate, le hojas de spinacha e la calabaza.
6. Per l'indirizzo, mezcle l'aceite de nuez, l'aceto di agrumi manzana, il jugo de lemon, la sal y la pimienta. Vierta el aderezo sulla Ciotola del Buddha, decorazione con pass e notti.

14. Leche de avena al limone

ingredienti

- 1 1/2 l di acqua
- 30 g di avena (rimossa 4 ore)
- 1 limone (ralladura, sin tratar)
- 1 strato di acido acetico girasol (preso in vacanza)
- 100 g di zucchero
- 1 pizza di sale marina
- 1 tazza di succo di aceto (o sabor a vainilla)

preparazione

1. Per inzuppare il limone con il limone, mettere tutti gli ingredienti insieme in una casseruola e cuocere fino a che liscio, durando 10 minuti.
2. Se il liquido gela una piccola quantità, trasferirlo in un bagnomaria e lavorare fino a ottenere una massa omogenea della durata di

5 minuti. Passa attraverso uno scolapasta e goditi la leche de avena al limone.

15. Insalata di pomodori e melone

ingredienti

Per l'insalata:

- 1 melone dolce (pequeño)
- 1/4 di sabbia
- 250 g di pomodori
- 1 manojo alla menta

Per l'indirizzo:

- 2 lime (jugo e ralladura)
- 10 cucchiai di olio d'oliva

- 1 tazza di farina
- deve
- pimento

preparazione

1. Per l'insalata di pomodori e melone, sbucciare i meloni e i cubetti a cubetti. Tagliare i pomodori in gajos. Immergere entrambi con un po' di sale e lasciar riposare su una palla per 10 minuti.
2. Mientras tanto, prepare el alño: mezcle el jugo de lima y la lima rallada con la miel y vierta lentamente el aceite de oliva. Condire con sale e pepe. Disporre le foglie di menta e mescolare con il condimento per insalata di pomodoro e melone.

16. Calabacines marinados ya la plancha

ingredienti

- 4 calabacine
- 1 ghindiglia
- 2 giorni di ajo
- 1/2 manojo de tomillo
- 1/2 menta manojo
- 2 chaloti
- olio d'oliva
- deve
- pimento

preparazione

1. Decorazione cilena, pelle e capelli e infine entrambi.
2. Disporre il tomillo e la menta del tallo e accorciare in tiras finas. Suona i chalotas e i cortarlas a cubetti. Mescolare tutti gli ingredienti con olio d'oliva e sazon con un pizzico di sale e pepe.
3. Cortar el calabacín en rodajas oblongas gruesas, remojar en aceite y dejar marinar duran minos 2 horas.
4. Bustina d'aria della marinata e dorate le zucchine per ragazzi nella parrilla.

17. papas fritas

ingredienti

- 1 kg di papaveri
- Aceite (gratuitamente)
- deve

preparazione

1. Per friggere le patatine, sbucciare le patate e saltarle vicino. 1/2 cm. Calienta l'aceite in un profondo sarten.
2. Remoja a sola papa frita nell'atto di verificare che sia sufficientemente fredda. Se le patatine fritte commenzan subito a formare dei ciottoli burbujas, potete

mettere le patatine fritte rimaste in giardino e congelare.
3. Deje que papas fritas se horneen en la sartén duran unos 10-15 minuti, dandoles vuelta constante, hasta est est doradas por todos lados.
4. Preparare le patate fritte con una spatola e affettarle bene su carta assorbente.
5. Le patatine fritte del brodo vengono servite come guarnizione con il ketchup servito.

18. Insalata di pomodori

ingredienti

- 500 g di pomodorini
- 2 mango
- 1 cebolla (rossa)
- 3 cucharadas de alcaparras
- 1/2 farina d'avena (seco)
- 6 cucchiai di olio d'oliva
- 3 lotti di aceto balsamico
- Hojas de albahaca (affreschi)
- deve
- Pimienta (moli recién)

preparazione

1. Per l'insalata di pomodori, preparare prima la marinata. Mondate i mango e tagliate la polpa a cubetti. Ridurre il numero di pomodori, tritare finemente il cavolo cappuccio. Mezclar tutti gli ingredienti con la marinata, espolvorear alcaparras por encima.
2. Adorna l'insalata di pomodori con albacha fresca.

19. Chutney di calabacín

ingredienti

- 1,5 kg di calabacina
- 2 pezzi Cebolle
- 2 pezzi di ajo dientes
- 3 pimientos (verdes, calantar al gusto)
- 250 ml di aceto
- 250 g di azúcar enlatada (3: 1)
- 4-5 hojas di salvia
- deve
- pimento

preparazione

1. Per il chutney di calabacine, lavate bene a cubetti le calabacine e i cortals. Mettere i

datteri di calabacina in una ciotola, condire con abbondante sale e mettere da parte.
2. Fiori verde lava e cortals in legni pregiati. Pelar la cebolla y el ajo y cortar en cubos finos.
3. Fa il grasso in una cacerola, aggrega le cipolle, il burro, le purè di patate ei peperoni e lascia brevemente. Sfumare con l'aceto e aggiungere il succo di conservazione, il sale e il pepe. Lleve todo ebullición una vez y cocine a fuego lento en la stufa durante aproximadamente 1/2 hora, revolviendo con frecuencia. Poco prima incorporare con cura i gusci di salvia per mantenerli freschi.
4. Mientras tanto, hierva los vasos en agua caliente y déjelos secar. Togliere la salsa piccante di calabashin in barattoli sterili a chiusura ermetica e guarnire in una padella fresca.

20. Maki de verduras

ingredienti

- 4 pezzi di hojas de nori
- 3 cucharadas de vinagre de arroz japonés
- 1 tazza (i) di freccia per sushi (circa 250 g)
- 2 cucaradas de azucar
- 1 cucharada di sal
- Verduras (a piacere, ad esempio, pepino, zanahorias, remolacha amarilla, aguacate)
- 1 bottiglia di salsa di soia (pequeña)
- Pasta al wasabi (a piacere)

preparazione

1. Al maki de verduras, lava bien el arroz y déjalo en remojo en agua fría durante minos una hora.
2. Lasciare bollire l'olio in 300 ml di acqua e cuocere fino a 10 minuti dopo averlo versato. Luego verter en un bol y dejar enfriar.
3. Lleve el vinrere, el azúcar y la sal abullición una vez, luego revuélvalos immediatamente en el arroz.
4. Pelar las verduras y cortarlas en tiras largas. Se ci sono verdure di riso, cucino le verdure nelle corna.
5. Humedezca a hoi de nori y colóquela su un rotolo di bambù. Estendi una piccola freccia di freccia. Coloque las verduras en el center y luego enrolle bien el maki.
6. I Maki de verduras vengono ricoperti da un pollo ben raffreddato in bacchette di 2,5-3 cm, con salsa di soia, wasabi (a piacere) e pellet di peperoncino e servire subito.

21. Sopa de col para adelgazar

ingredienti

- 1 cabeza de col blanca
- 6 zanahoria
- 1 tubercolo/i di apio
- 2 puerro
- Cubetti di zuppa (a seconda del gusto)
- 1 mano di perejil

preparazione

1. Pele las zanahorias y el apio y cortelos en trozos pequeños. Limpiar y lavar la col blanca y el puerro y cortarlos en trocitos pequeños.

2. Ponga las verduras picadas en una cacerola grande y llene con agua hasta que todo esté cubierto. Far bollire e cuocere per 30 minuti.
3. Tritare finemente il perejil, aggiungere i verduras e condire la zuppa con i cubitos di verduras kaldo.
4. Cuocere per 5-10 minuti, versando acqua.

22. Sal de ajo silvestre

ingredienti

- 200 g di sale marino (macinato finemente)
- 1 manjob di ajos silvestres (ca. 80 g)
- 1/2 cucaradita de mues de pimienta

preparazione

1. Partecipa ai festeggiamenti di Capodanno con acqua gratis, sacudala per secala e carte finali.
2. Lasciar asciugare in forno preriscaldato a 60°C (ca. 1 ora e mezza).
3. Ponga las hojas secas de ajo silvestre, los granos de pimienta e 1 cucharada de sal en un mortar y tritúrelos.

4. Luego mezclar con il resto de la sal e verter la sal de ajo silvestre e vasi decorativi.

23. Wok tofu e velocità verde

ingredienti

- 800 g di verduras (mezcladas, a seconda della situazione del mercato, ad esempio col china, pimento, pak choi, calabacín, ecc.)
- 2 peperoncini
- 500 g di tofu (hummus)
- 4 cucharadas di aceite vegetale
- 1 cucharadita de jengibre (recensione picado)
- 1 cucharadita de ajo (picado)
- 3 tazze di salsa di soia

- 1 cucaradita de arabe de arce (o 1 cucharada de azúcar)
- deve
- 2 cessaraditas di olio di sesamo
- Semillas de sésamo (per decorare)
- pimento

preparazione

1. Prima limpie e fare le verdure e le carte in tira lacrime di un bocado. Accorciare anche il tofu in cubetti più piccoli.
2. Chiamato wok o sartén pesada (preferibilmente di ferro). Vinci l'aceite, caliéntelo y fría las tiras de tofu en él. Aggiungere i cordoncini verdi comprese le zucche e lo zafferano per 2 minuti. Aggiungere lo zenzero, l'ajo, la salsa di soia e l'arba e friggere i jarabe per 1-2 minuti.
3. Condite con sale, pepe e semi di sesamo. Disporre nei tazones, guarnire con semi di sesamo e servire.

24. Tofu mediterraneo per untar

ingredienti

- 50 g di tofu (firme)
- 2 pomodori (in escabeche, secos)
- 3 aceitunas nere
- 1 pezzo di dentifricio (pequeños)
- 1 cucchiaio di olio d'oliva
- 1/2 tazza di salsa di soia
- 1/2 bicchiere di aceto balsamico
- 1 cucharada de albahaca fresca
- Sal pimenti

preparazione

1. Per eliminare il tofu mediterraneo, fate rosolare i pomodori e i cavoli in grandi

focacce. Haga purea tutti gli ingredienti tranne l'albahaca, il sale e il pimente con un liquore devono aver ottenuto una massa.
2. Condire il tofu mediterraneo con sale e pepe. Infine, mez hojas de albah picadas en trozos grande y puré brevi.

25. Insalata tailandese di peperoncino e pepino

ingredienti

- 2 pepino
- 1 cebolla (rossa)
- 2 peperoncini (hasta 3)
- 2 cucharadas de coriandolo (affresco, picado)
- 2 cucharadas de vinagre de arroz
- 2 cucchiai di olio di sesamo
- 2 cucaradas de azucar
- 2 peperoncini di salsa al peperoncino

preparazione

1. Per l'insalata di menta piperita con peperoncino tailandese, sbucciare la menta piperita e il cartoncino. Gioca la palla e

raccoglila. Descorazonar e picar los chiles. Mettere a palla con il coriandolo. Mezcle una marinata di aceto, aceite, zucchero e salsa piccante, vierta sober la ensalada y déjela reposar duran una hora. L'insalata thailandese del Cile e Pepino è ben pescata con il pollo all'amo.

26. Pesto di pomodoro e peperoni

ingredienti

- 150 g di pomodori (secondi)
- 4 pezzi di ajo dientes (pelados)
- 60 g di mandorle (peladas)
- 8 cucharadas de perejil (affresco, picado)
- 2 panini al succo di limone
- 150 ml di olio d'oliva
- deve
- pimento

preparazione

1. Per eliminare il concentrato di pomodoro e il pepe, togliere i pomodori e annaffiarli per 30 minuti. Luego pikelos finament con el ajo, las

almendras y el perejil en una licuadora. Gioco di succo di limone aggregato. In quarto luogo, l'olio d'oliva e lo spirito mezclando continentale è che il pesto ha la stessa consistenza. Il pestello di pomodoro e pesto con sale e pepe qb e gustate la pasta fresca.

27. Ricetta base del trigo sarraceno

ingredienti

- 150 g di sarraceno trigo
- 300 ml di acqua (rapporto 1: 2)
- 1 tazza cubitosadita di zuppa
- 1 tazza di alloro
- 1 cebolla (picada, al gusto)

preparazione

1. Suona il trigo sarraceno con l'acqua e l'acqua nell'annaffiatoio. Aggrega la specie e cocciniglia per un periodo di 20 minuti. (Ridurre la temperatura). Sembra che stia rallentando per altri 20 minuti. Avvolgere in una coperta da appendere in modo che

l'interno possa essere bloccato in modo ottimale. Envolverlo in una manta hace che il trio sarracen sia ma più in onda che quando hincha nell'olla. Questo también si applica a tutti i tipi di cereali.

28. Ricetta Base Amaranto

ingredienti

- 150 g di amaranto
- 350 ml di acqua (rapporto 1: 2 1/2)

preparazione

1. Portare a bollore l'acqua, rovinare l'amaranto e portare di nuovo a bollore. La cappa viene installata per 20 minuti a bassa temperatura. Luego apaga la estufa y déjala en remojo durante altri 20 minuti. I grandi si avvolgono meglio in un mana per l'amaranto quede aireado e suelto.
2. L'amaranto non ha foglie granulari, ma è pelato. Dopo il congelamento, forma una massa di sangue.

29. Ricetta base di mijo

ingredienti

- 1 tazza (i) di mijo
- 2 tau (i) d'acqua
- 1 cubetto di zuppa verde (o 1 tazza di condimento per la zuppa)
- 1 hoja de laurel (enter)
- 1 cebolla (pequeña, picada)
- 1 crocharadita de sal de hierbas
- 1 cucharada de mantequilla

preparazione

1. Fate innaffiare l'acqua, i condimenti, le erbe aromatiche e la pelle d'alloro. Aumentate la

quantità di acqua calda e fate cuocere per 10 minuti.
2. Luego apaga la estufa, pon la tapa y deja que se hinche. No mires adentro y no revuelvas!
3. Infine aggrega mantequilla se lo desea.
4. È ora possibile avviare il processo.

30. Insalata alfanumerica con vegetazione

ingredienti

- 200 g trigo di sarraceno
- 400 ml di verdura calda
- 1 peperone (rosso)
- 1 calabacina
- 1 berenjena
- 1 bulbo di hinojo
- tomillo
- origano
- porcellana
- 1 limone
- olio d'oliva
- deve
- Pimienta (moli recién)

preparazione

1. Per l'insalata di sarcofago trio con verduras, colare il sarcasmo tricot in uno scolapasta e livellare accuratamente con acqua tibia. Fu la fine dell'eufemismo e il giorno in cui il trio del sarcasmo ebbe luogo e durò 15 minuti in un luogo di riposo. Resta in un maglione e divertiti prima con l'acqua tibia e sdraiati con acqua libera.
2. Lava le verdure. Ricoprite i peperoni in quarti, privateli del peduncolo, degli huesos e della pelle bianca. Corta in tiras. Cortar primero los calabacines y las berenjenas a lo largo y luego en tiras. Erano solo 10 minuti. Ritira le parti del bulbo di hinojo, riserva il verde hinojo verde. Cortar il tubercolo in trozos.
3. Versare l'olio d'oliva in un sartén e friggere las verduras en él. Condire con pomodoro e origano tritati finemente, sale e pepe.
4. Per l'indirizzo, esprimere il limone. Mezcle jugo con un poco de oliva aceite, sal y pimienta para hacer un aderezo.
5. Mettere a palla il tricus sarraceno e le verdure e marinare con l'indirizzo. Infine, unisci perejil finemente sottaceto e hinojo all'insalata di sarcasmo. Lasciare riposare per 30 minuti prima di servire.

31. Tofu di mostaza e limone con verdure al pepino

ingredienti

- 1 limone biologico
- 1 cucharada de mostaza picante mediana
- deve
- pimento
- 600 g di tofu
- 1 pepino
- 250 g di pomodori da cocktail
- 200 g di rucola
- 2 cucchiai di olio d'oliva
- nuova moschea

Fasi di preparazione

1. Fare il limone con acqua dolce, seguire, strofinare la caskara ed esprimere il jugo.
2. Mezcle 4 tramezzini al succo di limone con zanzariera, 1 tramezzino sale e pepe. Coprite

il tofu in rotoli, spennellate con la marinata e lasciate riposare in frigorifero per almeno 2 ore.

3. Mientras tanto, pela el pepino, cortale por la mitad y cortale en trezos de 1 cm de grosor. Pomodori lavici e cortals a pranzo. Lava la rucola e centrifuga.
4. Caliente 1 cucharada de aceite en una sarten. Saltate i tropi di pepino en el fugue mido per 2 minuti. Salate, pepate e salate per altri 3 minuti. Aumentare il volume e i pomodori e la coca cola tutto insieme per altri 3 minuti. Condire con sale, pepe, restante succo di limone e zanzariera appena macinata.
5. Vedi il tofu. Calendario il resto dell'aceite in un altro sarten. Congelare il tofu sui ragazzi e lasciarlo acceso per 3-5 minuti finché non è asciutto.
6. Riparare le zucche verdi in 4 piatti, gettare il tofu e spolverare con la limonata.

32. Patate di mais con broccoli

ingredienti

- 500 g di patate dolci pecaña novella
- 3 telai di Romer
- 4 cucchiai di olio d'oliva
- deve
- pimento
- 1 scatola di bacche da giardino
- 1 succo di limonata
- 100 g di mantequilla di anacardo
- nuova moschea
- 600 g di broccoli (1 broccolo)
- 50 g di anacardi
- Aste traste rábano
- 1 manboll de cebolletas

Fasi di preparazione
1. Le patate sono molto tenere, tenere e a fuoco corto. Lava romero, sacúdelo para seque y retira la aguja. Mezclar alldo con 2 cucharadas de oliva aceite, sal y pimienta. Coloque i pop in una benda per conservare il corno con carta corno e corno nel corno preriscaldato a 200 ° C (corno di ventilazione: 180 ° C; gas: livello 3) per 30 minuti. Mientra tanto, corte el berro de la cama e usa una batidora de mano per hacer puré con jugo de lemon en mantequilla de anacardo. Vierta l'acqua accennava lentamente che la salsa era cremosa e densa. Sazone con sal, pimienta e nuez moscada rallada.
2. Pelamos y lavamos el brocoli, lo cortamos en pequeños floretes y lo mezclamos con el resto dell'aceite de oliva, la sal y la pimienta. Aggregare i fiori di broccoli su schiocchi e corna per altri 15 minuti. Mentre lo fai, butti gli anacardi in una sartene per una durata mediocre di 3 minuti prima che si addormentino. Lancia e arrotola in un cassetto. Limpiar el rábano, lavarlo y cortarlo en bastoncitos finos. Limpia las cebollas verdis, lavalas e córtalas en rodajas.

3. Ritirano i papi ei brocoli del corno e colloqui in platone. Allungare la salsa di acciughe strizzandola e servire con acciughe, uvetta e cebolletas.

33. Avena al horno con moras

ingredienti

- 100 g di avena tierna
- Pizza 1 camera
- 1 cucharadita de canela
- 45 g di nueces (3 cucharadas)
- 200 g di mora
- 200 g di calabasha hokkaido (1/4 di calabaza hokkaido)
- 1 manzana
- 180 ml di bebida de avena (leche de avena)
- 1 cucchiaio di cocco derretido aceite
- 1 tazza di farina

Fasi di preparazione

1. Ponga avena in una ciotola capiente e versato su di lei 200 ml di acqua. Aggiungere una fetta di cannella e cannella, mescolare il tutto e mescolare per 10 minuti.

2. Mentre così tanto, scegli le nuvole con i pantaloni grandi e goditi le moras. Lava la zucca di Hokkaido, ha strofinato la corona e alla fine si è ripresa. Lave la manzana, cortela por la mitad, descorazone y ralle finamente. Il bambino aggregato di viali, nueces, moras, manzana e hokkaido si è radunato sul viale e mezcle bene.
3. Dipingi un corno per il corno (26 x 20 cm) con il cacao in polvere e aggiungi il composto di avocado e burro. Spolverare il tutto con la farina e portare in forno preriscaldato a 180°C (convezione 160°C; gas: livello 2-3) 20-25 minuti.

34. Bizcocho di mantequilla intelligente con mandorle

ingredienti
- 250 ml di mandorla baby (mandorla leche) (o 3,5% di grasso)
- 190 g mantequilla
- 150 g di zucchero di canna integrale
- 21 g di levadura fresca (1/2 cubo)
- 570 g di trio harina intero + 2 cucharadas da lavorare
- 2 cavalli
- 1 pizza
- deve
- 150 g di mandorle laminate
- Può cucharadita de cannella

Fasi di preparazione
1. Avvolgere le mandorle in una pentola a cottura lenta con 60 g di latticello e 1 cucchiaio di

zucchero. Defri enfriar un poco y dissolver la levadura en el likido tibio. Sembra che la messa duri 15 minuti.
2. Massaggiare la massa con l'urina, 55 g di zucchero, avena e sale fino a formare una massa omogenea e picchiettare e lasciar raffreddare in luogo fresco per 60 minuti.
3. Vuelva amasar la masa sobria una superficie de trabajo enharinada y extiendala del tamaño de la bandeja para hornear. Coprire una benda da agganciare con carta da forno e celebrare la messa su di essa. Dejar leudar nuevamente por unos 15 minuti.
4. Togliere il restante mantello con lo zucchero rimasto in una casseruola fino ad ottenere un composto liscio, aggiungere le mandorle e la cannella.
5. Avere piccoli zoccoli nella massa con il mango di una pentola. Estendi la massa del mantello sulla massa in modo che le uova siano liquide. Trasforma la lampadina pastello in un clacson preriscaldato a 200 ° C (convezione 180 ° C; gas: livello 3) per 15-20 minuti.

35. Penne con salsa di pomodoro e ceci

ingredienti

- 1 giorno di lavoro
- 2 zanahoria
- 3 cucchiai di olio d'oliva
- ½ cucharadita de comino
- 1 torta di pepe di Caienna
- 200 g di pomodori in trota (lata)
- 50 ml di soia nata
- deve
- pimento
- romero sec
- 250 g di pasta integrale (penne)
- 100 g ceci
- ½ ravanello di cetriolo di curcuma
- 1 cucharadita de sésamo
- 1 pugnado de rúcula

Fasi di preparazione
1. Pelar y picar el ajo. Limpiar, lavar y trocear la zanahoria.
2. Calienta 2 cucaradas de aceite en una cacerola, sofríe el ajo y las zanahorias durante 5 minutes a fugue medio, luego agrega el comino, la pimienta de cayena y los tomato en cocina durante otros 4 minutes a fuego lento. Aggiungere la crema di soia e condire la salsa con sale, pepe e panna.
3. Contemporaneamente mettete la pasta in abbondante acqua mescolando per 8 minuti seguendo le istruzioni sulla confezione. Luego drene el agua e drene el agua.
4. Per cuocere i ceci, versare il residuo rimasto in un sarten, unire i ceci, la curcuma, i semi di sesamo e salare per 4 minuti a fuoco medio. Sigillare con sale e pepe. Sposta lo zaino e il sacuda nella sacca.
5. Dividere la pasta a cubetti, coprire con il sugo di immondizia e servire con la rucola.

36. Focaccia de masa madre

ingredienti

- 10 g masa madre- anstellgut (trigo agrio)
- 245 g di acqua tibia
- 6 g di sale
- 70 g di trigo integrale harina
- 250 g di farro tipo tip 1050
- 6 g di olio d'oliva
- 3 cucchiai di olio d'oliva
- 2 cornici di origano fresco
- 4 pomodori secondi
- 1 cavolo rosso
- 1 pizza di sale marina

Fasi di preparazione

1. Mezcle la cobertura con 20 g de agua tibia, agregue 20 g de harina integral y mezcle bien. Cubra y deje madurar en un lugar kálido duran 3 a 6 ore.

2. Quando la massa della madre è madura, sciogliere il sale nell'acqua rimanente, aggregare l'urina rimasta e aumentare la massa della madre. Fai un buon massaggio per 10 minuti. Luego amasar in 6 g di olio d'oliva. Mettere in una casseruola fino ad ottenere uno strato di grasso e picchiettare, lasciare riposare per 30 minuti. Rimanere e raddoppiare quattro volte e lasciare riposare per 30 minuti ogni volta.
3. Trasferire su una placca di clacson Honda (ca. 35x20 cm) fino a toccare il cetriolo di aceite e lasciare riposare per 4 ore. Alla prima ora, i cieli saranno scossi con cautela a metà settimana (con una pausa di 30 minuti nel mezzo).
4. Soprattutto fare l'origano, sacco per sacco e raccogliere gli hojas. Coprire i pomodori secchi a mucchietti. Pelar la cebolla y cortarla en aros finos.
5. Stendere il resto dell'olio d'oliva sulla massa, premendo con varie varietà nella massa con i capelli umani, in modo da formare tante piccole depressioni e l'olio d'oliva si accumula in esse. Stendere l'origano, il sale marino, le cipolle ei pomodori.

6. Portare a 230°C (ventilato 210°C; gas: livello 4) per 30 minuti.

37. Alforfone cuenca con castagne

ingredienti
- 250 g trigo di sarraceno
- deve
- 400 g di rosso col
- 30 g di avellane (2 cucharadas)
- 5 cucharadas de colza aceite
- 1 tazza di aceto di mandra de manzana
- 30 g di zanzariera rosa da prendere (2 cucharadas)
- 1 cucharadita di mostaza
- pimento
- Uch coucharadita de tomillo sec
- 300 g castagne (precocide, avvolte sottovuoto)
- 100 g di canoni

- 100 g di insalata silvestres hierbas
- 100 g di mora

Fasi di preparazione
1. Mettere il trio sarraceno in un tostapane e far cuocere nel boccale doppio dell'acqua, mescolando per 15 minuti. Luego escurrir y dejar enfriar.
2. Mientras tanto, limpia y lava la col lombarda y cortala en tiras finas. Aggiungere il brodo con 1/4 di tazza di sale per 5 minuti.
3. Per l'allineamento, buttare le avellane in un sartén caliente senza grasso e vello al centro della durata di 3 minuti. Luego dejar enfriar y picar. Bate 4 cucaradas de aceite con aceto di manzana, pasta di frutta, mostaza e 2 o 3 cucharadas d'acqua e sazona con sale, pimienta e 1/4 di cucharadita de tomillo. Mezclar las avellanas.
4. Condividi le castagne a pranzo. Calend il resto dell'asso in un sarten. Liberare le castagne con il restante pomodoro per 5 minuti a fuoco medio.
5. Contemporaneamente preparate le insalate e i sacudal per le vele. Lava las mora. Para

servir, ponga trigo sarraceno en 4 tazones, sirva con col lombarda, lechuga, castañas y moras y rocíe con el aderezo.

38. Insalata di camoscio

ingredienti
- 600 g di berenjenas (2 berenjenas)
- 800 g di Boniatos (2 Boniatos)
- 1 cebola
- 1 giorno di lavoro
- 4 cucchiai di olio di sesamo
- Cucharadita de coriandolo molido
- ½ cucharadita de comino molido
- deve
- pimento
- 1 torta di pepe di Caienna
- 300 g di peperoni rossi piccoli (2 peperoni rossi piccoli)

- 20 g di zenzero (1 pezzo)
- 2 curdaradas de caldo de verduras
- 2 cugaradas de jugo de lima
- 40 g di semi di sesamo (4 cucharadas)
- 2 pizze di peperoncino hojuelas
- 100 g di canoni

Fasi di preparazione

1. Limpiar y lavar las berenjenas y las batatas, pelar las batatas; Cortaro entrambi a cubetti di 1 cm. Pelar la cebolla y el ajo. Dividere la cebola per la mitad e cortarla in tiras. Prendi l'ajo.
2. Calendario 2 cucharadas de aceite en una sarten. Freír la cebolla y el ajo en ella a fuego medio. Aggrega le date di berenjena e camote e frials per 7 minuti. Luego agregue el coriandolo y el comino y saltee a fuego lento duran unos 7-8 minuti hata que las papas estén blandas. Luego sazon con sal, pimienta y pimienta de cayena. Sacar de la sartén y dejar enfriar.
3. Mientras se cocinan las berenjenas y las batatas, corte los pimientos por la mitad, descorazone, lav y corte en dados.
4. Pelar el gengibre y picarlo finamente. Mezcle lo zenzero con l'aceite rimanente, il caldo, il

jugo de lima, le semillas de sésamo e sazon con sal, pimienta y hojuelas de chile.
5. Limpiar e lavar los canonigos e sacudirlos per secarlos.
6. Mezclar los pimientos con las berenjenas e los boniatos. Servire i canoni con le verdure e quarto l'aliño per encima.

39. Hamburguesa de avena con remolacha y nueces

ingredienti
- 120 g di avena fine
- 80 g di grua avena
- 4 cucharadas de linaza triturada
- 2 remolachas (envasadas al vacío)
- 360 ml di jugo de remolacha
- 2 ciotole rosse
- 2 giorni di ajo

- 3 cucharadas de colza aceite
- 2 coucharaditas de mosillza de mostaza
- 2 cucchiai di semi di coriandolo
- 4 cucharaditas de pimentón dulce en polvo
- 200 ml di calderone verde
- 6 tazze di salsa di soia
- 2 pucche
- 2 cucaradas di margarina vegana
- 3 cucharaditas de harina de espelta tipo 1050
- 5 cadaradas de copos de levadura
- 1 cucharadita di mostaza
- deve
- Pepe bianco
- 1 pizza alla curcuma
- 4 hamburger
- 2 anni di arabe jarabe de arce
- 20 g di nueces en mitades

Fasi di preparazione

1. Mezclar l'avena e la linaza in una palla. Securra la remolacha y recoja el jugo, llénelo con el jugo de remolacha hasta tot tot de 360 ml. Pelar la cebolla y el ajo, pickar muy finamente 1 cebolla junto con el ajo, cortar la otra cebolla en aros y reservar.
2. Sofríe i datteri di cebolla e ajo in un sarten con 1 cucharada di aceite, tritura las semillas

in un mortaro e rovinare la cebolla con pimento. Freir breve, luego desglasar con el caldo de verduras, el jugo de remolacha y la salsa de soja, dejar hervir a fuego, verter sober la avena y dejar en remojo dur 10 10 minutes.

3. Mientras tanto, corta la remolacha en rodajas finas. Limpiar y lavar la rúcula y sacudir per secar.

4. Mettere la margarina in una casseruola, unire la cagliata con una pastella, glassare con 120 ml di acqua. Aggrega i copos di levadura con mostaza, sal, pimienta y curcuma y deje hervir. Deje hervir a fuego lento hasta formare una crema cremosa.

5. Formare 4 tortillas con il composto di viale e carpino in uno stampo raccolto con l'acido rimanente per 4 minuti a metà, piatto girevole e termine cornuto.

6. Mientras tanto, tueste los hamburguesa, cepille con la mitad de la levadura fundida, cubra con remolacha, aros de cebolla y rúcula, rocíe un pocco de jarabe de arce sober la ensalada, luego coloque las tortitas de avena enima, espolvoree con la levadura fundida

restante y las nueces y pon la tapa de la hamburguesa.

40. Quesadillas veganas

ingredienti
- 2 peperoni rossi
- 1 peperone rosso
- 4 cebolle
- 1 aguacato
- 150 g di granella di mais
- 2 puñados di coriandolo verde
- 8 tortillas al trigo
- 150 g di formaggio rallado vegano
- cile en polvo per espolvorear

Fasi di preparazione

1. Lave los pimientos y la guindilla, cortelos por la mitad, abbastanza las semillas, abbastanza la piel interior y corte todo en dados. Lave y limpie las cebolletas y cortelas en aros finos. Pelar y partir el aguacate por la mitad, quitar el hueso y trocear la pulpa. Escurrir bien el maiz. Raccogli gli hojas al coriandolo in pantaloni larghi.
2. Coloque cuatro tortas de tortilla cada una une parrilla redonda para quesadillas (o en la bandeja para hornear para el horno). Spargere il centro del formaggio cheddar sulle tortillas. Estendi i prodotti preparati con una buona qualità dei peli alti di coriandolo. Espolvorea con il resto del queso e coloca un secondo piano piano encima. Le doppie seghe fissano la bobina al gancio, la lama della sega a pignone, il gancio e il gancio nel gancio per 10-15 minuti. Mientras tanto, dar vuelta de vez en cuando hasta que el queso comience a derretirse.
3. Ritira le quesadillas dai rulli e le carte su pedazos e appelli sui piatti. Servire lo spolvoreado con il resto del coriandolo e guindilla hojas.

41. Pasta feta di riso salata dal corno

ingredienti

- 600 g di pomodorini
- 1 cavolo rosso
- 2 giorni di ajo
- 200 g di feta
- 1 cucchiaio di olio d'oliva
- deve
- pimento

- 1 pezzo di burro di arachidi
- 1 pizzico di origano seco
- 1 pezzo di chile hojuelas
- 400 g di spaghetti interi
- 2 puñados di albaaca

Fasi di preparazione

1. Limpiar y lavar los tomato en cortarlos por la mitad si es necesario. Gioca le palle, le carte per la partita e le carte in bei gajos. Pelar y trocear el ajo. Ponga las verduras en una fuente para horno y el queso feta en el medio. Esplora il tutto con le specie di oliva, sale, pepe e spezie.
2. Preriscaldare il clacson a 200°C (convezione 180°C, gas: livello 3) per 30-35 minuti.
3. Attendere un minuto, seguire le istruzioni sulla confezione per cuocere la pasta in acqua, mescolando con il sale. Lava l'albaaca, sacúdela para que seque e arranca las hojas.
4. Unire la pasta e mantecare. Ritira il grasso feto e le corna del corno, carte in larghi calzoni con tenore e mezcle. Coloque la pasta y 1½ puñado de albahaca en una fuente para horno, mezcle todo bien y distribuya en 4 platos. Servire con le restanti albahaca hojas.

42. Spirelli con salsa di pomodoro, lenticchie e feta

ingredienti
- Giacca primaverile beluga da 50 g
- 1 chalota
- 1 giorno di lavoro
- 1 zanahoria
- 1 calabacina
- 2 cucchiai di olio d'oliva
- Che piatto di pasta harissa
- 200 g di pomodori in trota (lata)
- deve
- pimento
- 1 cornice di tomillo
- 250 g di pasta integrale (spirelli)
- 200 g di pomodorini
- 50 g di feta

Fasi di preparazione
1. Metti le lenti nel barattolo d'acqua doppio per 25 minuti fino a quando non sei stanco. Luego escurrir y escurrir.
2. Mientras tanto, pelar y pickar la chalota y el ajo. Limpia las zanahorias y los calabacines y cortalos en trozos pequeños.
3. Calienta aceite en una sartén y fríe la chalota y eljo ajo a fuego medio durante 3 minuti, luego agrega las zanahorias, el calabacín y la pasta de harissa e fríe durante 5 minuti. Luego aggregare i pomodori e la cocaina lasciati per 4 minuti. Prepara il tomillo, sacúdalo para seque y golpee las hojas. Sazone la salsa con sal, pimienta y tomillo.
4. Contemporaneamente, seguire le istruzioni della confezione e cuocere la pasta in abbondante acqua mescolando per 8 minuti. Luego escurrir y escurrir. Sauna las lentejas terminatas con sal y pimienta. Pomodori lavici e dividerli in 4 parti uguali. Triturar el queso feta.

5. Mettere la pasta in una ciotola, aggiungere la salsa con lenticchie e pomodori, sciogliere con la feta e gustare.

43. Insalate miste di uova con acqua e rallado di pecorino

ingredienti
- 150 g lechuga cogollo romano (1 lechuga cogollo romano)
- 150 g di achicoria pequeña (1 achicoria pequeña)
- 1 lima
- 1 cucarada d'arabe d'arco
- fiore del pavimento
- pimento
- 6 cucchiai di olio d'oliva
- 1 aguacate maduro
- 2 talli di albaaca

- 30 g pecorino (1 pezzo)

Fasi di preparazione
1. Limpiar, lavar y centrifugar las ensaladas. Rebana las hojas com desees y colócalas en un bol.
2. Riduci il costo ed esprimi il limite.
3. Per l'aceto, compreso il lima jugo con l'arca jarba, un poco de flor de sal y pimienta. Sbattere l'olio d'oliva con una pastella.
4. Pelar y partir el aguacate por la mitad, quitar el hueso y cortar la pulpa a lo largo en rodajas finas.
5. Lava la albaaca, centrifuga e arranca las hojas. Cortar las hojas en tiras finas.
6. Tagliare l'aceto sull'insalata. Mezclar con cuidado e disponer en 4 platos.
7. Rimuovere il condimento per l'insalata rimanente dall'aguacate e servire l'insalata con l'insalata.
8. Girare l'albaaca più e più volte e far cadere il queso.

44. Tortilla de queso con hierbas

ingredienti

- perifollo di 3 talli
- 3 talli di albaaca
- 20 g di parmigiano
- 1 chalota
- 8 cavalli
- 2 cucharadas de queso crema fraiche
- 1 cucharada de mantequilla
- 150 g di oveja queso
- deve
- pimento

Fasi di preparazione

1. Lave il perifollo e l'albahaca, sacúdalos para secarlos y cortelos en trozos grandes. Rallar el parmigiano. Gioca e finisci il chalota.

Sbattere le uova con la panna fresca, il parmigiano, il perifollo e la carne di albahaca.
2. Derrita la mantequilla en una fuente para horno, fría la chalota, vierta los huevos y triture el queso feta. Hornear in un corno preriscaldato a 200 ° C (convezione 180 ° C, gas: livello 3) dura 10 minuti fino a quando non è asciutto.
3. Ritiro del corno, sazone con sale e pepe, espolvoree con la restante albahaca e disfrute.

45. Sartén de verduras e trigo.

ingredienti

- perifollo di 3 talli
- 3 talli di albaaca
- 20 g di parmigiano
- 1 chalota
- 8 cavalli
- 2 cucharadas de queso crema fraiche
- 1 cucharada de mantequilla
- 150 g di oveja queso
- deve
- pimento

Fasi di preparazione

1. Lave il perifollo e l'albahaca, sacúdalos para secarlos y cortelos en trozos grandes. Rallar el parmigiano. Gioca e finisci il chalota. Sbattere le uova con la panna fresca, il parmigiano, il perifollo e la carne di albahaca.

2. Derrita la mantequilla en una fuente para horno, frië la chalota, vierta los huevos y desmenuce el queso feta por encima. Hornear in un corno preriscaldato a 200 ° C (convezione 180 ° C, gas: livello 3) dura 10 minuti fino a quando non è asciutto.
3. Ritirare dal corno, condire con sale, pepe e servire lo spolvoreado con la restante albahaca.

46. Verduras al horno con aderezo de mostaza y ajo

Preparazione: 50 minuti
Calorie: 377 kcal
ingredienti
- 3 palline rosse
- 200 g tierna remolacha (2 tubercoli)
- 400 g di zanahorias tiernas (1 manojo)
- Bonus da 400 g (1 bonus)

- 350 g di asparagi verdi
- 300 g di pomodori da cocktail
- 1 fotogramma di romero
- 4 cucchiai di olio d'oliva
- deve
- pimento
- 150 g di spinaci tiernas
- 10 g di perejil (0,5 manojo)
- 2 giorni di ajo
- 4 cucharadas de vinagre de vino bianco
- 20 g di senape (1 tazza)
- 1 cucharadita de miel
- 150 g di feta (9% di grassi)

Fasi di preparazione

1. Pela las cebollas, cortals port la mitad y cortals en gajos. Pelar, lavar e trocear la remolacha. Lava bene las zanahorias y cortals for la mitad a lo largo. Gioca le battaglie, lave e corde in gajos o trozos grandes. Lavare gli asparagi, accorciare i bordi dell'arbola e chiudere il terzo inferiore del tallo. Pomodori lavici. Prepara il romer, agitar para secar y cortar las agujas.
2. Mezcle las cebollas, las batatas, las zanahorias y las remolachas con 2 cucharadas de aceite y sazone con romero, sal y pimienta.

Stendere su una benda per cardini in corno con carta in corno e corno su corno preriscaldato a 180°C (ventilatore 160°C; gas: livello 2-3) della durata di 15-20 minuti con rotazione occasionale. Luego aggregare i pomodori e gli asparagi e la cocaina per altri 15 minuti.

3. Mentre lo fai, prepara gli spinaci e il perejil, sacudalos per il sequenziamento e il ritiro dei perejil hojas. Pelar eljo y picarlo en trozos pequeños. Aceto di Mezcle con ajo, mostaza, 1-2 cucharadas de agua y miel. Mescolare con l'acido rimanente in una pastella e mescolare con sale e pepe.
4. Riportare le verdure della fascia e disporre gli spinaci e la perla su un piatto. Luego triture el feso feta y aderícelo para que haga una lluvia ligera.

47. Hamburguesa de zanahoria y sésamo con aguacate

ingredienti
- 400 g di zanahoria (4 zanahoria)
- 1 uovo
- 30 g di pane rallado (3 tazze)
- 10 g di tahini (1 cucharadita)
- deve
- pimento
- 1 spillo di comino molido
- 1 pezzo di coriandolo macinato
- 4 lampadine
- 30 g di nata per insalata (2 cucharadas)
- 40 g di nata agria (2 cucharadas)
- 2 panini al succo di limone
- 1 aguacate maduro
- 2 cucaradas di aceite vegetale
- 1 cavolo rosso
- 40 g di rucola (manojo)

- 80 g chutney di mango (4 cucharadas)

Fasi di preparazione
1. Pelar y rallar gruesamente las zanahorias. Aggiungere la carne, il pollo e la pasta tahini fino ad ottenere un pasto delizioso e condire con sale, pepe, cumino e coriandolo.
2. Cortar i rulli dalla mitad orizzontalmente e assarbos sul vero debajo del corno del corno precalentad con la superficie cortada hacia arriba hasta che sono dorados. Andare in pensione e prenotare.
3. Mescolare la crema di lechuga con la crema agri-cream e condire con sale, pepe e una miscela di succo di limone.
4. Coprire con il composto, scoraggiare e sbucciare l'acqua, coprire la polpa nei vasetti e mescolare con il resto del succo di limone.
5. Formare la massa in 4 albóndigas. Calienta aceite en una sarten. Freir las albondigas en ella a fuego medio por ambos lados duran un 6 minutte hasta que estén doradas.
6. Pelar la cebolla y cortarla en aros finos. Lava la rucola e centrifuga.
7. Stendere la crema di crema di lechuga negli angoli inferiori dei rulli e coprire con i tuorli d'uovo. Coloque 1 albóndiga de zanahoria in

ciascuno, coprire con aromi di cebolla e rocíe con salsa piccante. Coprire con i rotoli e unire le palline.

48. insalata di funghi

ingredienti

- 15 champiñones (pequeños)
- 1 portasigarette di girasol
- 1 oncia di acido acetico di semola
- 50 g di pimento (picado)
- 20 g di calabacina (tagliata in tiras fini)
- 50 g di oveja queso (picado)
- 5-8 pezzi Aceitunas (negras)
- 1 cucharada de romero (diploma)
- sal marina
- un po' di moschea (rallada)

Per la maionese di perejil:

- 2 anni

- una piccola brocca di limone
- Pimienta (moli recién)
- Perejil (finalmente picado)
- deve
- una piccola zanzara
- 2 chorritos di aceto balsamico
- 150 ml di semilla de aceite

preparazione

1. Per l'insalata di funghi, salare i funghi e aggiungerne alcuni. Amalgamare bene tutti gli ingredienti e condire bene. Déjalo reposar dures tres o cuatro minutos.
2. Per la maionese di perejil, mettere su una pallina tutti gli ingredienti tranne l'asso di colza e togliere bene. Poco a poco agregue el aite de manera uniforma hasta se se una mezcla cremosa. Aggiungere acqua se necessario. Friggere la maionese in frigorifero. Luego servito con l'insalata di funghi.

49. Insalata di torta piccante

ingredienti

- 500 g ternera (cocida, magra)
- 2 cebolle
- 2 pepinillo
- 1 rais de perejil
- 1 peperone (rosso)
- 100 g funghi (freschi)
- 1 manzana
- perejil
- 3 cucharadas de vinagre de vino bianco
- deve
- pimento
- 6 cucharadas de aceite
- 1 cucchiaio di salsa Worcester

preparazione

1. Per prima cosa cardare la carta in date e cardare le palline in frecce. Continuazione, breve il pepino in dados e ralla las réises de perejil. Continuazione, corta la mattina in lacrime e limpia e corta i campioni in ottave. Infine, abbrevia le manzanas in dados e pica el perejil.
2. Luego mezcle todos los ingrediente y vierta sober ellos la marinada de vinagre, sal, pimienta, aceite y salsa Worcester.
3. Deje riponete l'insalata di carne confezionata in frigorifero e servite.

50. Insalata verde con pneumatici pavo

ingredienti

- 2 scaloppine di pavo
- deve
- Pimienta (negra)
- 150 g di insalata (verde, mista)
- 50 g di cicoria
- 6 pomodorini
- Aceite vegetale (gratis)
- Per la marinata:
- 4 cucharaditas di verdure
- 1 tazza di aceto di hierbas
- 1 pizza azucar cruda
- 3 strati di hierbas (dalla sua selezione, in pratica plettri)

preparazione

1. Se occorre limpie la carne di pavo e sazone con sale e pepe.
2. Calienta un po' di aita in un sarten e friggere la carne per 2 minuti per ogni lado. Sacar y cortar en tiras.
3. Preparare le insalate, gli spinaci e le carte in piccoli lotti. Lavare a finire i pomodorini, l'erba cipollina e i cortales.
4. Amalgamare bene tutti gli ingredienti per la marinata.
5. Mezclar las verduras en un bol. Capovolgere la marinata.
6. Smaltire i lotti e salvare completamente le pietre del selciato.

51. Pane schiacciato e formaggio

ingredienti

- 120 g di teglia centeno intera (3 rebanadas)
- 30 g di uva sultanina
- 4 bustine di aceto di frutta
- deve
- pimento
- 4 cucchiai di cardamomo aceite
- 300 g di manzane (p. Ej., Elstar, 2 manzane)
- 1 r manojo de rábano
- 100 g in rodajasqueso (p. ej., leerdammer, 17% di grasso assoluto)
- 1 manaja de perejil de hoja plana

Fasi di preparazione

1. Coprite la padella con dei cubetti di 1 cm e metteteli in una sarda senza olio al centro per 4 minuti fino a quando saranno crogiolati. Trasferisci su una piattaforma e rendi gratis.
2. Mientras tanto, enjuague las sultanas con agua caliente y escúrralas. Luego, mezcle aceto di frutta con un po' di sale, pimienta e aceite di cardamomo per fare un adereza per insalate.
3. Lavare le manzane, accorciare ogni manzana dai 4 lad hacia al centro in bacchette larghe circa 5 mm, accorciare le bacchette a cubetti. Sminuzzare la manzana a cubetti e l'uvetta con l'aderezo.
4. Lava, escurre y limpia los rábanos. Ponga a un lado las hojas pequeñas de rábano; Per gentile concessione dei rabbini.
5. Cortes il queso de queso in quadrati di 2 cm. Lava el perejil, sacúdelo para secarlo y arranca las hojas.
6. Mezcle queso, perejil y las hojas de rábano, los rábanos y el aderezo de manzana. Condire con sale e pepe.
7. Coloque la lechuga in un grande contenitore per alimenti ben contenuti (ca. 1,5 l) per il trasporto. Colare i cubetti di padella in un

contenitore alternativo (ca. 500 m di capacità) e adagiare sopra l'insalata di formaggio e corvo prima di servire.

52. Coliflor Arroz Pilaf

ingredienti

- 600 g di cavolfiore alla menta piperita (1 cavolfiore alla menta piperita)
- 2 cebolle
- 3 giorni di ajo
- 2 cucharadas de aceite
- 6 vane di cardamomo
- 1 cucchiaio di semille di coriandolo
- 4 clavi
- 125 g di basroz aromatico intero
- Uch chiladita de chile en polvo

- ½ cetriolo ravanello
- ½ cucharadita de comino
- 100 ml di leche di cacao (9% di grassi)
- 400 ml di verdure classiche kaldo
- deve
- pimento
- 8 talli di coriandolo

Fasi di preparazione

1. Pulite il cavolfiore, cortarla in fiorellini e lavate.
2. Pelar las cebollas y el ajo y cortar en cubos finos.
3. Getta gli asparagi in un'acerola resistente (un altro recipiente di tapa). Saltate il cardamomo, il coriandolo e le tastiere in esso, ruotando, della durata di 2 minuti nel mezzo.
4. Aggiungere i cavoli e il sale e salare per altri 3 minuti mescolando.
5. Aggiungere la freccia, il peperoncino in polvere, la curcuma e il cumino e salare per 30 secondi.
6. Aggregare i fiori di coliflor al arroz. Aggiungere la sfoglia di cacao, anche se con cura.

7. Vierta basta freddo per la freccia e il cavolfiore è ricoperto di liquido, hierva todo. Cubra la olla y coloque en el horno precalentado; Cuocere le frecce e le foglie a 180°C (convezione 160°C, gas: livello 2-3) per 35 minuti (bene, coprire il pilaf sul fuoco e lasciarlo per 20-25 minuti). Sazone el colro pilaf de coliflor nuevamente con sal y pimienta. Spremere il coriandolo, sacudalo per fissarlo, ritirare gli hojas. Arregle arroz pilaf di coliflor con coriandolo e servire.

53. Lasaña de espárragos y trufa

ingredienti

- 6 barrette di asparagi bianchi
- 6 barrette di asparagi verdi
- 2 cucchiai di salvia
- deve
- 4° lamine di lasagne
- 10 g di tubercolo di tartufo nero (0,5 tubercolo nero tuberoso)
- 2 cucharadas de mantequilla
- 20 g parmigiano (1 pezzo)
- Pepe nero

Fasi di preparazione

1. Vi sono gli asparagi bianchi in tutta la sua lunghezza e gli asparagi verdi solo nel terzo

inferiore; Mappa degli estremi estremi di entrambe le diverse varietà.
2. Lava la salvia, sacuda per sfregiare e sbiancare gli hojas.
3. Llevar agua salada a ebollizione. Cuocete gli asparagi bianchi per 12 minuti, dopo 6 minuti aggiungete gli asparagi verdi.
4. Contemporaneamente leggere le lamine di lasagne in una seconda oliva in agua hirviendo con sal seguendo le istruzioni della confezione. Rimuovere i pantaloni con una forchetta o una forchetta, lavare brevemente e asciugare.
5. Antes de cocinar los asparagos, espumar la mantquilla en una sartén y freir breve las hojas de salvia a fuego medio.
6. Saque los asparagos del agua, escúrralos bien, eche la mantequilla, sazone con sal.
7. Ritirare le lasagne lama, escúrralas e colóquelas in capas alternandole con gli asparagi in platos. Rocíe la mantquilla alrededor de los espárragos. Rallar el parmesano y la trufa y espolvorear con abbondante pimienta.

54. Hongos portobello rellenos

ingredienti

- 440 g di funghi portobello (4 funghi portobello)
- 2 giorni di ajo
- 3 cucchiai di olio d'oliva
- deve
- Pepe nero
- 275 g di hojas di spinaci freschi
- 50 ml marsala (in alternativa vino tinto analcolico)
- 100 g di roquefort

Fasi di preparazione

1. Limpia gli champignon portobello con un suepillo suave o un paño. Rompe con cura i tallos. Pelar el ajo y picarlo finamente.

2. Spinaci e fare gli spinaci e centrifugare.
3. Calendario 2 cucaradas di asso in una sarten, congelare i funghi portobello da 2 a 3 minuti per ogni lado, condire con sale, pepe e ritirare dalla sarten. Coloque i campioni di portobello in una fontana per il corno con il fienile si aprì molto rapidamente.
4. Aggiungere il resto dell'aceite al sarten. Agregue y saltee brevi. Aggregare gli spinaci e il cavolo riccio, volteandola, della durata di circa 1 minuto prima di sformarsi senza un morso.
5. Aggregate Marsala e déjelo hervir a fuego lento della durata da 5 a 10 minuti, sazon con sal y pimienta.
6. Quattro spine in funghi portobello.
7. Smontare il formaggio sui funghi portobello e mantecare nel corno preriscaldato a 200°C (corno ventilato: 180°C, gas: livello 3) nell'acqua migliore per 10 minuti. Ritiratevi e servite subito i campioni di portobello.

55. Ñoquis alla romana

ingredienti

- 250 ml di leche (1,5% di grassi)
- 1 cucharada de mantequilla
- deve
- 125 g di semola integrale trio
- 2 chaloti
- 2 giorni di ajo
- 800 g basi di alcachofas (lata; peso iniziale)
- 2 cucchiai di olio d'oliva
- 100 ml di vino bianco
- 1 fotogramma di romero
- 800 g di pomodori rimasti
- pimento
- 25 g parmigiano (1 pezzo)
- 1 tuorlo d'uovo

- nuova moschea
- 75 g di formaggio di montagna grattugiato (1 pezzo)

Fasi di preparazione

1. Poner hervir la leche con la mantequilla, un poco de sal y 150 ml de agua en una cacerola bien cubierta. Si procede all'aggregazione lenta della semola e alla ceretta per 25-30 minuti, girando di tanto in tanto.
2. Mientras tanto, pele y pique fondamentale las chalotas y el ajo.
3. Fissare le basi degli alcachofa e delle carte in cubetti di 1 cm.
4. Portare l'olio d'oliva nel sarten e salare i chalotes e deve essere trasparente. Aggiungere il vino bianco.
5. Lava el romero. Agregue las alcachofas, pomodori e romero à la sarten. Cuocere cotto per 15 minuti e cotto per 15 minuti. Sigillare con sale e pepe.
6. Rallar el parmigiano. Separare l'uovo (usare l'uovo chiaro dal bancone). Vierta la sémola en un tazón. Per prima cosa ravvivare il parmigiano, adagiare il tuorlo d'uovo nella semola. Frote un poco de nuez moscada.

Sazonar la masa de sémola con sal, pimienta y nuez moscada y dejar enfriar un poco.
7. Metti gli alcachofa di pezza in una fonte per il corno.
8. Prendete qualche nudo di semola con i cetrioli e i colocarlos per continuare sul ragù.
9. Infine raduna la montagna dell'alpinismo e parla dei novizi. Hornear nel corno preriscaldato a 200°C (convezione: 180°C, gas: livello 3) dura 20 minuti nella 2ª bobina dal basso. Servi immediatamente i novizi nel romanzo.

56. Alcachofas estofadas

ingredienti

- 2 arance biologiche
- 2 limoni biologici
- 2 ciotole rosse
- 8 piccoli alcachofas (per il ripieno)
- 2 cucchiai di olio d'oliva
- 2 talli di albaaca
- 250 ml di calderone verde
- deve
- 6 grani di pepe nero

Fasi di preparazione

1. Cuocere 1 arancia con acqua, strofinare per asciugare e rimuovere il fondo con una forchetta. Exprime ambas naranjas.

2. Spremere i limoni, aggiungere il succo e circa 2 litri di acqua in una dose abbondante. Pelar las cebollas y cortarlas en tiras finas.
3. Limpiar las alcachofas. Ritira le alte durate esterne e scuoi i tallos generosament con il pelador.
4. Coprire gli alcachofa in quattro, togliere la gallina dalla base del fiore e mettere subito gli alcachofa nell'acqua con il limone fino a quando non vengono serviti i marroni.
5. Versare il succo in una casseruola e salare i fagioli fino a renderli traslucidi. Enjuague la albahaca, sacúdala e agréguela.
6. Ponga la cassara de orange and jugo con el caldo de verduras en la cacerola, agregue un poco de sal y pimienta en grano.
7. Fissate gli alcachofa e aggiungeteli alla cacerola. Tutto è andato giù per lo scarico in mezzo al nulla, coperto di ragnatele e coca cola, ed è durato 15 minuti.
8. Ritira gli alcachofa dal calderone con una spumadera e servi i clienti o le feste.

57. Pasta piccante di mozzarella

ingredienti

- 25 g di pomodori secchi (senza grasso)
- 150 g di pasta integrale (p. Ej. Farfalle)
- deve
- 125 g di mozzarella di bufala
- 3 cucchiai di origano
- 2 cucchiai di olio d'oliva
- 20 g di pignoni
- pimento

Fasi di preparazione

1. Vierta agua hirviendo sober la tomato tortados al sol en un tazón pequeño y déjelos en remojo dur 15 minuti.

2. Guarda i video in abbondante acqua correre con lui seguendo le istruzioni del pacchetto ha che le aziende sono l'assassino.
3. Mientras tanto, saurra bien la mozzarella y cortela en trozos pequeños.
4. Lavare l'origano, sacudelo par secarlo, abbastanzal the hojas y pícalo finamente.
5. Metti al sicuro i pomodori empapados, i legamenti espressi e le carte nelle date.
6. Sbucciate una zucca, grattugiatela e spremetene il succo.
7. Aggiungere i pomodori e salare brevemente. Aggiungere 2 cucchiai di acqua fredda per la pasta.
8. Unire la pasta di cocco e mescolare bene.
9. Mettere la pasta nell'orto e mescolare bene con i piselli e i pomodori.
10. Mezcle la mozzarella e l'origano. Salare e pepare e servire subito.

58. Calabacines e patatas a la plancha

ingredienti

- 300 g di ciliegie alla menta piperita (10 cuccioli; per esempio il topo)
- deve
- 400 g di zucca per bambini
- ½ traste di tomillo al limone
- 2 cucchiai di olio d'oliva
- fiore del pavimento
- pimento
- 1 limone
- 1 cucchiaio di farina liquida
- Ban rebanada de pan tostado integrale
- 15 g parmigiano (1 pezzo)
- 120 g di crema di formaggio queso (4 piattini)

Fasi di preparazione

1. Dormi bene con papà, cobra con acqua spruzzando con sale e aceto fino a quando non ci sono bozzoli medi della durata di 15-20 minuti. Escurrir y dejar enfriar, luego cortar por la mitad a lo largo.
2. Mientras las patatas hierven, limpia y lava los mini calabacines y cortals por la mitad a lo largo.
3. Fare bene il tomillo e il sacúdalo per secarlo. Arranca unas 2 cucharaditas de hojas de tomillo e riserva.
4. Estendere una tazza di 1 oncia di olio d'oliva in un sarten e calendula. Congelare le zucchine in porzioni e lasciarle alte per qualche minuto fino a quando non saranno sode all'assassino, poi il finale del tempo di utilizzo ne libera la metà.
5. Ponga calabacines en un bol, ritirare las ramitas de tomillo y zone las verduras con flor de sal y pimienta.
6. Sbucciare una zucca, grattugiarla e spremerci sopra il succo. Aggiungere la zucca e condire anche con sale e pepe.

7. Prepara il limone con acqua fresca e prosegui. Infine, la cascata, tagliare il limone per il pasto ed esprimere.
8. Mezcle 2-3 cucchiai di succo di limone, farina, scorza di limone, il resto dell'olio d'oliva e la miscela dei semi di pomodoro e il quarto sulle verdure. Assaggiare la zona con sale e pepe
9. Ritira la cortesia del brindisi e raccoglilo con i resti del twill rimanente in una picadora de rayos.
10. Tritare finemente il parmigiano, unirlo allo yogurt tostato e al pomodoro.
11. Coloque il queso de cabra in un cavolfiore fritto, estende l'emicrania completa e il corno è stato pedinato per 3-5 minuti mentre il corno del corno pre-cornuto. Ritirati e servi con la merce smarrita.

59. zuppa di pomodoro

ingredienti

- 1 limone biologico
- 300 g di yogurt (0,3% di grassi)
- deve
- pimento
- 200 g di cebolla vegetariana (1 cebolla vegetariana)
- 2 giorni di ajo
- 4 talli di albaaca
- 1600 g di pomodori pelati (2 strati)
- 2 cucchiai di olio d'oliva
- 700 ml di acqua fredda mediterranea Verdur
- 150 ml di soia nata
- 1 cucharadita de miel

Fasi di preparazione

1. Diluire il limone con acqua fredda, proseguire e infine strofinare la caskara. Mezclar con yogur, un poco de sal y pimienta en un bol.
2. Deje fa agitare lo yogurt per varie ore, preferibilmente di notte, su un tapis roulant con una pallina da caffè.
3. Pelar la cebolla y el ajo. Infine prendi la cebolla. Prendi l'ajo.
4. Preparare l'albahaca, mettere al sicuro il sacco, disporre gli hojas di 1 tallo e mettere da parte.
5. Tritare i pomodori in padella o in una casseruola.
6. Portare a bollore l'olio d'oliva. Saltee la cebolla y el ajo hasta que estén transparen mientras revuelve.
7. Aggiungere i pomodori e 3 cucchiai di albahaca, rellene con el kaldo y deje hervir.
8. Cuocere a cottura ultimata per 20 minuti. Ritirate l'albahaca e l'haga pure la finissima zuppa di pomodoro.
9. Aggiungere la crema di soia alla zuppa di pomodoro e vuelva a hervir. Assaggiate con sale, pepe e una pizzeria. Versare la zuppa di

pomodoro sui piatti e stendere lo yogurt fino al torsolo. Decorate con l'albahaca hojas.

60. Albondigas saladas de quark

ingredienti

- 175 g di tostada integrale
- 50 g di mantequilla (temperatura ambiente)
- 1 arancia biologica
- 1 uovo
- 1 tuorlo d'uovo
- deve
- 400 g di quark di ricotta
- 1 manojo de rábano
- 300 g di colinabo (1 colinabo)
- 1 cavolo rosso

- E al limone
- 2 granuli di granella di senape
- 2 cucharadas de colza aceite
- 1 scatola di bacche da giardino
- 1 caja de berro shiso morado

Fasi di preparazione

1. Scortare la padella e macinare in un liquore o un raccoglitore di velocità.
2. Bagnare la mantequilla con un bagno di carne che deve essere mantecato. Lavare l'arancia, seguire e strofinare 1 cucharada de la cascara.
3. Separare 1 uovo. Incorporare la mantequilla, mezcle the yema de huevo, the huevo entero, the rallado pan, peel de oranja e una pizca de sal fuerte. (Usa artiglio d'uovo in un altro posto).
4. Adir cuajada. Processo a tutti hanno ottenuto una massa pulita e coesa durante 2 ore; Svelate le varie varici durante l'enfriamiento.
5. Limpiar los rábanos y el colinabo, pelar el colinabo. Pelar la cebolla. Cortar todo en rodajas muy finas y colocar en un bol. Esprimi il limone.

6. Mezcle the jugo de lemon, la mostaza, la sal y la pimienta, agregue el aceite de colza y mezcle con las verduras. Ripetere (marinare) per 30 minuti.
7. Ponga a hervir 3 litros de agua con un poco de sal en una cacerola grande y ancha. Con le mohadas, conservate le albondigas mezcla in 12 albondigas dello stesso tamaño.
8. Coloque las albóndigas nell'acqua, hierva, cubra e coloquelas nella tavola dello stufato per 12-14 minuti. Le albondigas sono fatte galleggiare sulla superficie dell'acqua.
9. Estendi la sanguisuga negli altipiani. Cattura le bacche delle camme e risparmia sull'insalata.
10. Prepara le albóndigas del agua, escurrelas y sírvelas sober la ensalada. Servite con un pizzico di olio d'oliva e lasciate.

BOCADILLO VEGANO

61. Sandwich Di Tofu E Miso

ingredienti

- 2 cucharadas de miso rojo
- 2 panini al succo di limone
- 2 cucaradas de azucar
- 2 cucchiai di tamari o salsa di soia
- 1 tazza di levadura nutrizionale
- 1/4 di tazza di hummus liquido
- 1 bustina di tofu firme escurrido

Preparazione

1. Ricarica il clacson.
2. Avvolgere il tofu (è saltato) in un tovagliolo di carta e adagiarlo per circa 10-20 minuti.
3. Scartare il tofu e il corto nelle finiture.
4. Mettere in una ciotola con la marinata e lasciar riposare per 10 minuti. Hornee per 20 minuti.
5. Ritira il clacson e liberalo.
6. Per la marinata, mezcle el miso, el lemon, el azúcar, el tamari, la levadura y el humo.
7. Avere il panino con toast, spinaci spagnoli e maionese vegana.

62. Sandwich De Espárragos Trigueros Y Champiñones

ingredienti

- 4 rebanadas pequeñas de pan
- 5 risparmi verdi
- 6 piccoli campioni
- 2 rodajas de cebolla
- 2 ciruelas de California, sin hueso
- Pepe bianco
- Aceite
- Acqua
- Deve

Preparazione

1. In un piccolo sassolino, aggiungi una farina d'avena e un calendario cucharadita. quando è il momento di aggiungere gli asparagi ei salpimentarli. Rehogarlas dura 3 minuti e viene frullato con la tapa nel sarten (in modo che non sia salato).
2. Poner una rodaja de rodajasteglia su un piatto e colocar encima gli asparagi ben curati. cubrirlos con otra rebanada de pan.
3. Nella stessa martora, aggiungiamo ota cucharadita, calentamos e juntaos i campioni con il loro tutto separato. una pizza salata, tapar ya fuego alto durant otros 3 minutis, removiendo de vez en cuando para se se hagan por ambos lados. colloqui sulla pan rebanada, formando un secondo piano e cubetti con un'altra pan rebanada.
4. Volvemos a la sarten e colocamos las rodajas de cebolla con una gotta de aceite y sal. scappa e tocca per un minuto. Quando è asciutto, aggiungete i 2 rametti di abete accostati con un rametto d'acqua (uno 3 rametti). Possiamo vivere e rimuovere finché evaporiamo l'acqua.
5. Repartimos esta mezcla sober la rebanada de pan anterior para formar un tercer piso.

Coprire con un'altra rebanada, trattare il tutto legamento con il mano e lasciare tutto il bocadillo nel sarten a tostare un poco el pan, sin aceite ni nada de grasa porque no es necesario. noi volvemos a tostar por el otro lado.
6. Lo mettiamo su un piatto e lo portiamo al centro per avere più comfort.

63. Sandwich Con Pepinos, Zanahorias Y Espinacas.

ingredienti

- 2 tortillas trigo (usate per fare i tacos messicani)
- 1/2 tazza di hummus
- 1 pepino pequeño, in rodaja molto fini (alredador de 1/2 taza)
- 1 zanahoria, rallada (alrededor de 1/3 taza)
- 1 y 1/2 tamari cucharada (o salsa di soia)
- 1 y 1/2 cucharada di aceto di arroz
- Pepe nero
- 2 cuccioli di spinaci
- Tabasco opzionale

Preparazione

1. Mezclar el pepino con la zanahoria.
2. Agregue tamari y vinagre de arroz y revuelva.
3. Deje marinare per 5-10 minuti (o più, se esci).
4. Calendario le tortillas (puoi metterle nel microonde un secondo con della carta assorbente debajo o in un sarten).
5. Ecco le tortillas con l'hummus, 3-4 tazze ciascuna, avendo cura di coprire tutta la superficie.
6. Questo è il significato del panino.
7. Coloque capas de pepinos, luego zanahorias y espolvoree pimienta fresca encima.
8. Unire una tazza di spinaci baby.
9. Arrotolare e arrotolare in un cartone per creare le tue marche preferite.
10. Servite e iniziate subito.

64. Panino al tofu vegano

ingredienti

- aziende di tofu
- Teglia (stampo)
- pomodoro fresco
- Lechuga albaricoque o romana
- Salsa di soia
- Coriandolo
- Canola accettata accettata

Preparazione

1. In primo luogo, fieno che accorci il tofu in rodajas e ritiri l'eccesso di suero.

2. Calentamos un sartene antiaderente con una punta di olio d'oliva. Cuocere il tofu e decorare con il coriandolo, quindi aggiungere un piccolo accenno che ha una consistenza più soda e un colore delicato aggiunto a entrambi i ragazzi. Aggiungi un po' di salsa di soia per aggiungere più colore e sapore. Speriamo di far evaporare tutta la salsa aggiunta e metterla sul pavimento.
3. Mentre prepari la padella, assaggiala con un pizzico di mogano vegano o da solo.
4. Aggiungere il tofu e il bozzolo insieme alla trotapomodoro, la lechuga romana en trozos. También può anche aggiungere un po' di senape vergine e sarà assolutamente delizioso!

65. Sandwich vegano per llevar

Ingredienti:

- 1 o 2 brufoli in scatola.
- 1 cebollín cortado en rodajas bastante gruesas (4 rodajas)
- Una trota di calabacin tagliata in pantaloni gruesos.
- Lechuga
- Rebanatopomodori al naturale.
- sal y aceite de oliva
- Uno yogurt di soia naturale (vegano)
- maionese senza uovo)

Preparazione

1. In un piatto mettiamo il cebollino cortado e il calabacín. Aggiungeremo al gusto e un assaggio di olio d'oliva. Queste sono le meteore nei microscopi che durano 2 minuti alla massima potenza. un elenco di vez i colocamos sul bocadillo.
2. Puliamo i piccanti del piquillo a pasto e li mettiamo sul bocadillo insieme al resto degli ingredienti.

66. Pane Pan De Pita E Sanfaina

ingredienti

- 4 padelle pita intere
- 2 berenjena
- 2 calabacine
- 3 pomodori pelati
- 1 peperone rosso
- 2 cebollas picadas
- 2 giorni di ajo, picados
- Aceitunas, perejil y pimienta
- Olio d'oliva di origano e sal

Preparazione

1. Chiamato un destinatario con asso per vedere se è stato aggiunto alle palle.
2. Passare un minuto, aggiungere il resto delle verdure con l'uovo, il perejil e l'origano e il sazon con sale e pepe a piacere.
3. Dejar cuocere il composto per 15 minuti e aggiungere gli oli neri senza tonalità.
4. I pani della pita sono hornean, abren y e rellenan con il guiso preparato.

67. Panino all'aguacato

ingredienti

- 2 rebanadas (per panino) di padella
- 2 - 3 cucaradas de chucrut
- 1/4 di aguacate (aguacate) in rodajas
- 1 tazza di rallado di tofu
- 2 - 3 pezzi di maionese di soia
- 1 tazza di salsa di pomodoro
- 2 cucharadas di margarina

Preparazione

1. Versate la margarina sulla padella e fatela tostare.

2. Luego untar la mayonnaa, el ketchup y el chucrut.
3. Luego coloque las rebanadasaguacate in una sogliola rebanada de pan e spolverate con il tofu.
4. C'è più margarina sulla padella e
5. Per quanto riguarda la parola, il panino è tenero, dai 3 ai 5 minuti circa.

68. Calabacín Mutabal

Ingredienti:

- 2 calabacines medianos (700 g)
- 3 cucharadas di tahini bianchi
- 2 giorni di ajo
  2 vasetti di yogurt di soia senza zucchero
- 2 panini al succo di limone
- 4-5 hojas de menta o menta verde (facoltativo)
- 1 tazza di olio d'oliva (facoltativo)
- ¼ cucharadita de pimentón dulce (facoltativo)
- ¼ cucharadita de sal

Preparazione

1. Preriscaldare il clacson a 200°C.
2. Calabacines di lava, quitales la punta (el trozo de tallo) e cortals por la mitad a lo largo. Intagliare la carne diagonale di calabashin senza togliere la pelle (non vogliamo incidere in gola senza doverla tagliare in profondità in un piccolo uovo in camicia) e guastare con un pizzico di sale.
3. Coloque los calabacines boca arriba (con la piel en el molde) en un bandeja para hornear trada con pargamino.
4. Polpette e corna durano 30-35 minuti, finché non le vedi spuntare. Non voglio dormire.
5. Sacar la carne de los calabacines con cuidado, con una cuchara, y ponerla en el vaso de la batidora (Nota: se pueden poner con piel y todo, pero com mis calabacines estaban muy oscuros decidí no ponerla). Se è molto, allora si gela un po'.
6. Capace i denti di ajo, cortelos per la mitad e ritirare il nervo centrale. Ponga el ajo en la licuadora con el calabacín y agregue la sal y el tahini. A scelta potete aggiungere cumino tritato, coriandolo fresco e pepe nero. Bátelo

y agrega poco a poco el jugo de limon y el yogur de soya, para que puedas mpruder la consistente de la crema. Di conseguenza, dovresti sempre ottenere una crema omogenea, anche se non funziona. Pruébalo y rectifica de sal si es necesario. Se trovi che il composto è troppo denso o denso, puoi aggiungere uno o due yogurt di soia in più.

7. Puedes serve il modello notturno o gratuito. Usa l'olio d'oliva, la menta e i frullati di pepe per dare la giusta quantità da servire (facoltativo), ci sarà molto buon buen sabor. Accompagnato da pan (pita, naan (preparato con yogurt di soia e margarina vegetale), chapati, tostadas, ecc.) o con palitos de verdura para dipear. Può essere utilizzato anche per polpette e bocadillos e può essere utilizzato con pomodori naturali, lechuga, seitan, zanahoria, ecc.

8. Il mutabal è un paté cremoso molto popolare con il babaganoush, cresce anche con le bacche, ma ha forme diverse e specie distinte. In teoria, il mutabal libanese non era trattato come il babaganoush (che aveva più di una crema finissima) e veniva servito con semi di melograno, mentre il babaganoush era servito con olive e pimento. Bueno, questa

ricetta è una miscela di entrambi, anche con calabacina nel letto di Berenjena.
9. Se non hai o non trovi lo yogurt di soia naturale senza zucchero, puoi utilizzare qualsiasi liquido vegetale per cucinare salsa di soia, frecce, mandorle o quello che più ti piace. Aggiungi poco a poco para que quede quasi demasiado liquid, sober todo si use vegetali leches.

69. Sandwich de albóndigas veganas

ingredienti

Per i single:

- 2 giorni di ajo
- 2 campioni di portobello
- 2 cucharadas albahaca fresche (1 cornice)
- 1 tazza di panko
- 1 tazza di quinoa cocida
- 2 cucchiai di pomodoro disidratato senza grassi
- 1 cucchiaio di salsa di pomodoro condita
- Pizza 1 camera
- Aceite d'oliva

Per il panino:

- Stile baguette a 2 lastre
- 1/2 tazza di mozzarella vegana in stile quizo
- 1/4 di salsa di pomodoro
- Albahaca fresca al gusto
- Sal al gusto

Preparazione

1. In una perla preriscaldata con una piccola quantità di olio d'oliva, 2 denti di ajo e 2 portobello. Un fuego contralto cocina ha che entrambi i ragazzi sono ben cocidos e dorados.
2. Coloca i portobellos, l'ajo, l'albahaca, la quinoa cocida, la salsa di pomodoro, il panko e i pomodori disidratati in un robot da cucina e frullare per 1 minuto fino ad ottenere una consistenza massa. Agregue más panko si su mezcla está empapada.
3. Forma tu masa en bolas. Coprire le palline con un panko panko.
4. In un grande sartén ya fuego medio-alto, coloca un poco de olive aceite y agrega tus albóndigas, fríelas hasta esten doradas. Aggiungere la salsa di pomodoro per ricoprire le mandorle. Cuocete per 4-5 minuti.
5. Ricoprire l'interno della baguette con salsa di pomodoro e mozzarella. Aggiungere le

albondigas e il corno per 8-10 minuti. Puedes rebozar l'esterno della padella con una piccola quantità di olio d'oliva prima di addormentarsi.

6. Servire con albaaca fresca e aggiungere altra salsa di pomodoro se vi piace.

70. Cena prugal con panino vegano in escabeche

ingredienti

- 2 porzioni
- 3 rebanadas de pan de campo
- 4 cucharadas de verduras en escabeche caserito
- 1 bicchiere di uovo con ghiaccio e limone

Preparazione

1. A parte il campo e la padella colloquiale ricostruita con patatine fritte della scabbia e ho dei bocadillos molto vegani e pratici.

71. Panini De Miga "Light"

ingredienti

- Pan de Miga (Salvado) 10h
- 1 berenjena
- 1 cebola
- 1 zanahoria
- Hojas de lechuga
- 1-2 pomodori
- Maionese
- Para saltear las berenjenas
- 1 chorrito de aceite
- Deve
- Pimenti
- 2 zanzariere

Preparazione

1. Diamo un'occhiata alle canne. Ponemos nel sartén cocer con un poco de aceite, junto con la cebolla (cortada en juliana). Hasta que ambos estén blandos. Sigillare con sale e pepe. Antes de sacarlos del fuoco, seguir salteando con un poco de mostaza. Ahora, lo retiramos del fuego y lo dejamos en un bol con een papel que assorbe el aceite.
2. Ahora rallamos la zanahoria. Cortamos los tomato en rodajas. Ci riserviamo, ognuno in una palla diversa
3. Ora, verso il mese, prepariamo un piatto miga pan e la maionese. E ancora aggiungiamo la berenjena con cebolla + zanahoria rallada. Vorremmo un'altra padella e la maionese e il ceramos. Ecco alcuni fatti di base su uno stomp pad e su come viene utilizzato. In questa capa mettiamo il pomodoro e la lechuga.
4. Per colazione, maionese maionese in un vassoio di 3 padelle e ceramos.

72. Sanguche Vegano De Seitán

ingredienti

- Condimenti
- (a piacere) Pimienta negra molida (facoltativa)
- 1 tazza di provenzale
- 1/2 oncia di sale fino dall'Himalaya
- 1 cucharada de azucar moreno

ingredienti

- Gotas de Aceituna (per padella, seitan e pomodori)
- 2 Rebanadas in padella
- Vegetali

- 1/4 tazza di cebola verde
- 1/4 tazza di perejil
- Frutta e verdura
- 1 pomodoro
- 1 rebanada de cebolla
- 1 papa feta

Preparazione

1. Diamo un'occhiata al sito
2. Preparare i tegami (integrali se possibile) da tostare e un rubinetto che si alzi: L'azzurro moreno - la provenza e il sale
3. Cortar el perejil y la cebolla de verdeo muy fundamente.
4. Cortar el tomato en rodajas (7 rodajas aprox.).
5. Corta 1 rodaja de cebolla.
6. Cortar 1 rodaja de patata (le podemos dejar la piel)

*** Importante è che la patata sia ben conservata.

1. La cebolla se asa, pero no tanto ... ****
2. Kocemos la patata y un poco después la ceboia ♥.
3. Quando la sua parte bassa della schiena è su un piatto separato.

4. Proviamo il seitan con qualche goccia di olio d'oliva in modo che non maturi.
5. Aumenteremo la tariffa con i condimenti...
6. Lo zucchero inizierà a ritirarsi, lasciando un "jugocito".
7. Pochi secondi dopo leggiamo le file di pomodoro.
8. E quando si trattava di vendere il suo "Liquido".
9. Agregue the perejil picado y la cebolla verde, revuelva un poco.
10. Dà dell'olio d'oliva, e mandiamo la patata e il cavolo cappuccio finché non è cotto insieme alla preparazione. y vamos añadiendo pimienta molida al gusto de vez en cuando.
11. Quando la patata è; Riportiamo il tutto dal piatto in un piatto a parte, e senza prestare attenzione all'articolazione, iniziamo a fare la teglia con altre olive di...
12. Vueltas y vueltas hasta que estén tostadas y... voaaalaa maestress
13. Tremendo chegusan.

73. Panino vegano

Ingredienti per 1 persona

- 1 unità (i) di pomodoro medio ricoperto di pomodoro
- 10 grammi di spinaci 4 o 5 hojas
- 1 pezzo di salsa di pane di soia a piacere
- 1 pizza intera in teglia

Preparazione

1. Ricoprire i pomodori e i colocarlos nel sarten, togliere le foglie di spinaci e i pani di soia.
2. Puoi mettere una tazza di salsa Verduras o una tazza di hummus e queda molto ricca.

74. Molto facile da leggere

Ingredienti per 6 persone

- 1 cucharadita de sal (miglior promedio)
- 1 cucharadita de azúcar moreno o melaza
- 1 unità per l'acqua della tibia
- 300 grammi di latta integrale
- 4 grammi di levadura in polvere o 25 g di levadura. frio

Preparazione

1. Mezclar el agua con la levadura y el azúcar en un bol y dejar reposar 5 min.
2. Mezclar la harina e la sal.
3. Mezclar todo sin amasar y sin fuerza (yo usé un tenedor) hasta que quede uniforme.

4. Con i mohadas mohadas, fai una palla con la massa e déjala reposar in una palla per 3 ore filmate.
5. 20 min ante di metro a corno precalentarlo a 180° y luego metro la bola (ya en un molde) a corno 50 min in posizione media baja y con calor ariba y abajo sin aire. Sacar y dejar enfriar.

75. Pan De Ajo

Ingredienti per 4 persone

- 1.5 Unità (i) di Ajo
- 2 perejil cucharadas freschi
- 3 cucharadas di margarina
- 125 grammi di Baguette (una baguette)

Preparazione

1. Spremi la margarina del frigorifero finché non si alza prima di iniziare la ricetta.
2. Ponga el perejil y el ajo pelado en la licuadora hasta que quede fino, agregue la margarina y mezcle nuevamente. Se non avete un trituradora, prendete l'ajo nel mortaio e il

mezcle con il perejil picado, luego con un tenedor mezcle la margarina.
3. Accorciare la teglia diagonale senza lasciare andare il fondo fino a quando non è groppa e riempita con il composto di margarina, perejil e ajo.
4. Avvolgere la baguette in un foglio di alluminio e girarla a 200°C per 7 minuti.

76. Sandwich De Verduras

Ingredienti per 1 persona

- 50 grammi di pomodori
- 30 grammi di lechuga
- 2 unità (s) di asparagi
- 60 grammi di stampo in teglia 2 rebanadas
- 1 cucchiaio di salsa senza miele e lattosio Hacendado

Preparazione

1. Togliamo il pomodoro, togliamo la padella con la salsa e includiamo gli ingredienti demas.

77. Sandwich ligero de verduras

Ingredienti per 1 persona

- 1 pizza agli spinaci (un pollo caldo)
- 1 cicharada de pimiento del piquillo (barca) (un'unità)
- 1 tazza di humus
- 50 grammi di pangrattato

Preparazione

1. Aprire la padella e aggiungere l'hummus a piacere.
2. Apri un pagamento per il metodo e il colloquio della padella.
3. Luego pon unas hojas de espinaca, cierra y: ia comer!

78. Salchicha Tipo Salchicha Para Sandwiches

Ingredienti per 6 persone

- 1 cucharadita de ajo
- 1 origano di avena
- 1 cucharada de perejil
- 2 bottiglie d'acqua
- 2 tazze di salsa di soia (tamari)
- 2 cucharadas de comino
- 1 vaso di pan rallado
- 2 trio vaso di glutine
- 1 cucharada de cebolla frita crujiente
- 0,5 cucharadita de Pimentón de la Vera o pimentón ahumado

Preparazione

1. Unire tutti gli ingredienti solidi in una ciotola capiente e mescolare bene con una forchetta. - Unir todos los liquides - Verter el likido sober el solido y mezclar bien durante un par de minutos primer con la cuchara y luego amasarlo. - Fare un rotolo con la massa e avvolgere bene nella pellicola trasparente, (ci saranno molte cartelle, che questo avvolgitore ci servirà solo per custodirlo mai). Dormiamo bene negli estremi o con un nudo, o con hilo de cocina. (Veréis que solo toma forma salchicha, redonda y alargada) - Con un palillo de madera, pinchamos varias veces todo el rodillo por toos los lados, para la masa se haga bien por dentro. - Meditare l'acqua che tendiamo a cuocere per 1 ora, dare l'aria un paio di volte. - Retirar del agua y dejar enfriar.

79. Sandwich De Champiñones, Espinacas e Tomate.

Ingredienti per 1 persona

- 1 unità (s) di pomodoro rallado
- 1 pizzico di spinaci o a piacere
- Pizza 1 camera
- 1 pizca de ajo en polvo
- 1 crema di Aceto Balsamico di Modena
- 1 oncia di olio extravergine d'oliva extra
- 1 vaso di baguette la barra
- 2 vasi salati di funghi congestionati, mezzo chilo di bocadillo

Preparazione

1. Riscaldate i funghi con poca acqua, un pizzico di burro e avrete bisogno di consumare l'acqua.
2. Rallar un pomodoro in padella.
3. Colocar espinacas crudas al gusto
4. Colocar los champiñones previamente salteados.
5. terminare con una bricchetta di aceto balsamico dalla modalità in poi.
6. chiudere il bocadillo.

80. Masa para arepas

Ingredienti per 2 persone

- Pizza 1 camera
- 1 bottiglia d'acqua
- 1 cucchiaio di olio d'oliva
- 300 grammi di formaggio bianco di mais preriscaldato

Preparazione

1. In una palla quattro circa un'acqua tau e media, aggiungere il sale e un afrodisiaco, aggiungere un po' di resina diluita nell'acqua evitando che si formino muffe, amare con le mani aggiungendo un po' d'acqua e l'acqua

hasta obtener una masa suave y tersa que no se pega a las manos. Le sfere mediana e apicale formano un legamento rotondo e simmetrico grezzo. Freírlos o cocerlos al horno y ritirar cuando estén dorados. Servire al momento, accompagnato dai ripieni di verduras, tofu, salsa...

RICETTE SNACK E INSALATE

81. Sandía helada en un palito

ingredienti
- 1/4 di sabbia
- Palitos de madera

preparazione
1. Per prima cosa togliere la corolla alla sabbia, se necessario, e tagliarla a petali triangolari con la cascata.
2. Pegue a palo de madera in ogni pezzo nella parte inferiore con il tazon. Se la cascata è esposta, usa un cookie per creare un handle.

3. I panini di dune di sabbia nel congelador sono stati completamente congelati.
4. La sandia in un pallet è elencata. Ma anche puedes mojarlas allo yogurt o al cioccolato.

82. Patatine di verdura al horno

ingredienti

- 2-3 zanahoria
- 1/2 tubercolo/i di apio
- 1/2 calabaza (pequeña, maggiore Hokkaido)
- 2 file di perejil
- 1-2 patate dolci
- deve

preparazione

1. Per le scaglie d'argento del corno, prepara prima l'argento e le palline se necessario. Termina con un'asta dritta con cintura verde o cintura verde. Salario e lasciare per 5-10 minuti per eliminare l'acqua.
2. Preriscaldare il clacson a 180°C.

3. Servire le bacchette di verdure con acqua gratuita per le insalate luego no queden demasiado. Seque bien. Raccogline uno dall'altro lato dello schermo nelle bande per ascoltarlo.
4. Affettate il corno per 5-10 minuti (diverso dal corno). Deje la puerta del horno entreabierta (pellizque la cuchara de madera). I chip verdi sono costantemente controllati perché possono passare crogioli molto veloci al buio. Sacar e sazonar con sal subito.

83. salsa al caramello

ingredienti
- 90 g di dettagli (secondi e niente giochi)
- 40 g di anacardi (molidos)
- 1/2 limone (jugo)
- 30 ml di leche di mandorle (senza zucchero)
- 1 stecca di cannella
- deve

preparazione
1. Per la salsa al caramello, prima controlla che i dettagli siano sufficientemente dolci. In caso di problemi di questo tipo, tieni presente che riceverai anche circa 1 ora.
2. Adesso preparate una purea con tutti gli ingredienti per la passata nel robot da cucina proprio come legati alla consistenza di una crema.

3. Se la crema di toadavia è troppo densa per la salsa al caramello, aggiungere un po' più di burro di mandorle a ciascuna.

84. Scaglie di pimento dal corno

ingredienti

- 2 papas (mediane)
- 1 cucchiaio di olio d'oliva
- 1 cucharadita de pimentón en polvo
- deve

preparazione

1. Per il virtuoso della menta piperita, le patate cornute e il rabarbaro tritato finemente con lo strofinaccio da cucina. Coprire con una benda per ricoprire con carta da forno. Sbucciate una zucca, grattugiatela e spremetene il succo. Coloque las rodajas di patate dolci e cepille ligeramente con olio d'oliva.
2. Spolverare con pepe in polvere e sale. Le chips di corno finiscono in forno preriscaldato a 220°C, 6 minuti lasciate asciugare.

85. pan piano

ingredienti

- 500 g di salamoia
- 10 g di sale
- 10 g di olio d'oliva
- 7 grammi di zucchero
- 1 confezione di forniture secche
- 360 ml di acqua
- Semi di lino (o semi di sesamo, da spruzzare)

preparazione

1. Per la teglia, amalgamare tutti gli ingredienti in un'unica massa della durata di almeno 8 minuti. Coprire e riposare per 1,5 ore.
2. Stabilire la massa a forma di ovale e lasciarla lievitare per altri 20 minuti.

3. Haga vari huecos en la masa con el dedo, espolvoree con sésamo o linasaza, presione firmement en deje crecer durant altri 20 minuti.
4. Preriscaldare il corno a 250 ° C e tenere la padella piatta per 10-15 minuti fino a quando non sarà asciutta

86. Tofu crocifero e piccante

ingredienti
- 1 1/2 cucchiai di olio d'oliva
- 1 cucharadita de pimentón en polvo (dulce nobile)
- 1/2 cucharadita de chile en polvo
- 150 g di tofu
- 2 cucharaditas di salsa di soia
- Pizza 1 camera
- 1 pizza da pimento

preparazione
1. Per il tofu piccante, tagliate il tofu a cubetti di 1 cm. Mescolare gli altri ingredienti e filtrare il tofu per 4 ore.

2. Liberare i cubetti di tofu in un sarten per tutti i ragazzi e servire.

87. calabaza al horno

ingredienti
- 1 calabaza (Hokkaido)
- 2 cucharaditas de sal
- Polvere di pimento
- 1 giorno di lavoro
- 4 cucharadas de aceite

preparazione
1. Per la zucca cornuta, preparare la zucca Hokkaido e lasciarla a 180°C per 5-10 minuti. Dejar enfriar brevemente y cortar la calabaza. Como la calabaza es muy dura, hay que hornerla previamente.

2. Mezclar l'aceite con un diente di ajo prensado, sal e pimentón in polvere e spennellare con esso trozos de calabaza deshuesada. Se puoi venire con la palla di Hokkaido. Hornear dura 15 minuti a 180°C, fino a quando la zucca non viene capovolta.

88. Mermelada de pera con bayas

ingredienti

- 4 peras (muy maduras)
- 100 g di foglie di alloro (miscele)
- 1/2 limonata limonata

preparazione

1. Sbucciare le pere e tagliare il corrugato e tagliare la polpa a mucchietti. Aggiungere la scorza di limone e 50 ml di acqua e lasciare evaporare fino a quando le pere si saranno amalgamate.
2. Avere una purea con un bagno di mano, divisa in quattro zone e servita con le baie appena tagliate o staccate.

89. Lampade "Halloween" di mela

ingredienti

- 6 manzane rosse
- 1 tazza di mantequilla de maní
- 1 tazza di pasta
- Uch cucharadita de speces per pastel de calabaza
- 1 tazza di muesli senza grassi

Preparazione

1. Preriscalda il clacson a 300-350 ° F (177 ° C).
2. Corta la parte superiore di ogni manzana.
3. Rimuovere l'interno con una forchetta o un melone. Assicurati che le barre siano pulite.
4. Talla con cuidado la cara de la linterna per hacer los ojos y la boca.

5. Derrita la mantequilla de maní en una cacerola hasta que esté suave y suave.
6. In una confezione unire la mani dequita manretida con la pasta di datteri e le specie di calabaza.
7. Rellene le manzane con la mantequila maniqula e sostituite le manzana tapas.
8. Horn le manzana in una benda per horn per 10 minuti.
9. Colare la granola nelle manzane e nel corno per altri 10 minuti.
10. Servire subito.

90. Tostada De Aguacate Frankenstein

ingredienti

- 4 rebanadas de pan integrali
- 1 aguacate, cortado por la mitad y sin semillas
- 1 torta al succo di limone
- Uch cucharadita de ajo en polvo
- Una pizza marinara

Ingredienti decorativi

- 1 hoja de nori o una hoja de lechuga oscura
- Frijoles negri
- Rebanatopeperoncino
- aderezo messicrema

Preparazione

- padella in un tostapane o in un tostapane a corno.
- Mentre si gira la padella, colocar l'aguacate a palla.

- Aggiungere il succo di limone, la polvere alla polvere e il sale e mescolare con un'affettatrice o un papiro.
- Registra la nori hoja o la lechuga oscura per formare il cavo.
- Decorare i Franken toast formando il pelo con la nori lechuga, gli ojos con le friole nere, la boca con le rebanadaspimienta, y el marko de la cara con el aderezo.

91. Insalata di riso e funghi

ingredienti
- 1 manojo de col rizada (lavada)
- 250 g di funghi bianchi
- sal marina
- Pimienta (del molino)

Per l'aceto:
- 3 cucharadas de vinagre de vino blanco (o vinagre de sidra de manzana)
- 6 cucharadas di coleslaw (il girasol ascet o l'oliva ascet)
- 1 cijarada de mostaza Digione
- sal marina
- Pimienta (del molino)

preparazione
1. Per l'insalata di funghi e funghi, prima mescolare in una ciotola tutti gli ingredienti per l'aceto.
2. Restituisce il numero di numeri e colonne in una frase. Mescolate con un pizzico di aceto, aggiustate di sale e pepe e lasciate riposare per 5 minuti. Accorciare i funghi a fettine sottili e doppiare con cura nel riso col riso.
3. Servite subito l'insalata con riso e funghi.

92. Insalata di pepino

ingredienti
- 1 pepino (grande o 2 piccoli)
- aceto di vino bianco
- Aceite vegetale
- deve
- Pimienta (del molino)
- Pimento in polvere (dulce nobile, un gusto)
- 1 giorno/i di ajo

preparazione
1. Sbucciare i pepinos e i cortarlos infine con le bacchette di pepino.
2. Salar el pepino y dejar reposar della durata di 10-20 minuti.
3. Espressioni ben espresse.
4. Fai una marinata con aceto, aceite, ajo machacado y pimienta, revuvalval con el

pepino y sírvala espolvoreada con pimentón en polvo si lo desea.

93. Insalata di pomodori con semola di calabaza

aceita

ingredienti

- 4 pomodorini (grandi)
- 1 cebolla (pequeña)
- 1 farina d'avena (affresco)
- 1 cucharadita de albahaca (fresca)
- 5 condimenti di semola di zucca della Stiria
- 2 cucharadas de vinagre de manzana (o balsámico vinagre)
- deve
- pimento

preparazione

1. Fare i pomodori, tagliare il riso verde e dividerlo a spicchi.
2. Sbucciate una zucca, grattugiatela e spremetene il succo.

3. Mescolare gli ingredienti in una ciotola con le erbe aromatiche e condire con la menta piperita zucca, aceto, sale e pepe.

94. insalata di spinaci con mango

ingredienti

- 10 g di arabe jarabe
- 150 g di mango (senza pelle o pelle)
- 40 g di anacardi
- 150 g di spinaci (freschi)
- 25 g di aceto balsamico
- 100 g di zanahoria
- 1 g di pepe
- 20 g di olio d'oliva
- 1 grammo di sale

preparazione

1. Lavate gli spinaci e le capesante in uno scolapasta. Coprire il mango con i datteri, coprire gli zanahorias con le finiture e mescolare con gli spinaci in insalata.

2. Tostar gli anacardi in una sarten senza aceite e riserva.
3. Per l'adereza, vierta aceite de oliva, jarabe de arce, vinagre, sal y pimienta en un frasco con tapa de rosca y agite bien.
4. Estendi bene l'indirizzo sull'insalata e sul mezcle.
5. Servire e decorare con gli anacardi.

95. Insalata di calabacina piccante

ingredienti

- 1 kg di calabacina
- 3 cebolle (grandi)
- 2 pimientos (rosso)
- 100 g apio
- 1/4 l di acqua
- 1/2 l di aceto (dolce)
- 3 cucharaditas de sal
- 4 giorno/i di ajo
- 1 divano letto semillas de mostaza
- 1 cucharadita de especias nuevas
- 1 cucaradita de mues de pimienta
- 2 fiori di alloro
- 180 g di zucchero semolato

preparazione

1. Sono necessari calabacines e pellets e descorazonelos. Cortar in fini rodasjas calabacines y las cebollas, cortar el pimiento en tiras finas, pelar el apio y cortar en rodajas finas. Mezclar las verduras.
2. Si innaffia l'acqua, l'aceto, il sale, l'acqua, le specie e lo zucchero. Aumentare i valori e cuocere per 8 minuti. Riempi i vasi e chiudi ermeticamente.

96. Insalata di Butifarra vegana con ceci

ingredienti

- 100 g ceci
- 200 g di Canonici
- 1/2 pepino
- 1 pomodoro
- 50 g di salchicha (vegano)
- 3 cucaradas de linaza aceite
- 3 cucharadas de vinagre
- deve
- 20 ml di acqua
- pimento

preparazione

1. Per l'insalata vegana con immondizia, taglia le foglie verdi a pezzetti. Passare la salchicha, fare i ceci e mescolare con i verduras, la salchicha e l'insalata.

2. Mezclete l'aceto, l'aceite, il sale, la pimienta e l'acqua e stendete l'adrezo sull'insalata. Mezclar tutto bene e servire l'insalata vegana di butifarra con ceci.

97. Insalata di calabacin e zanahoria

ingredienti
- 600 g di calabacina
- 1 zanahoria
- 5 giorni di ajo
- 3 lime
- 1 tazza di aceite
- 1 cucharadita di sal

preparazione

1. Pelar el calabacín y la zanahoria e rallarlos finamente. Cortar el ajo en trozos pequeños.
2. Mezclar el jugo de lima, el ajo, el aceite y la sal.
3. Condire la marinata con gusto e mezcle con i calabacines e las zanahorias ralladas.

98. Insalata di lenticchie e cous cous

ingredienti
- Giacche primaverili da 50 g (rosse)
- 500 ml di calderone verde
- 1 zanahoria
- 80 g di cous cous
- 40 g di anacardi
- 1 peperone (rosso, amarillo, arancia)
- 60 g di pomodori da cocktail
- 1 cucharada de perejil (picado)

preparazione
1. Per l'insalata di pigne con cous cous, fare bene le lenti e le giuggiole. Rallar la zanahoria, tagliar en dados los pimientos y los tomato. Portare la zuppa verde e verde sulle lenticchie e sulla zanahoria per 10 minuti.
2. Apaga la estufa. Rovesciare il cous cous, picchiettare e bruciare per 10 minuti. Deje enfriar, mezcle con los anacardos, los pimientos y los tomato en sazone con sal.
3. Decorare con perejil.

99. Insalata di pasta

ingredienti

- 100 g di pasta (qualsiasi, senza uova)
- 150 g maionese (vegana)
- 50 g di mais (congelato o enlatado)
- 100 g di manzane
- 1 pezzo di pepe in escabeche
- 70 g di zanahoria
- 1 cucharada de alcaparras
- 2 rotoli di involtini di cebollino

preparazione

1. Per l'insalata di pasta vegana, cuocere la pasta secondo le istruzioni sulla confezione, congelare e mescolare con la maionese vegana.
2. Tutti gli stessi ingredienti, se presenti, sono rolle e mezcle también.

3. Condire l'insalata di pasta con il sale e servire con il cebollino.

100. Insalata fresca

ingredienti

- 500 g di macinato
- 250 g di pomodori da cocktail
- 50 g Hojas di spinaci
- 50 g di rucola
- aceite
- 1 coro di succo di limone
- 3 Tagli Di Aceto Balsamico
- deve
- Pimienta (del molino)
- 2 lotti di aceto balsamico

preparazione

1. Per il condimento per l'insalata, togliere il succo dei pomodori e dei pomodori, tagliarli in quarti.

2. Preparare gli spinaci e il porro, fissarli con la centrifuga per insalata e marinare con un asso di succo, succo di limone, sale e aceto balsamico. Smaltire tutto insieme su un piatto.
3. Eliminare l'insalata fresca con riduzione di balsamico e macinare con il pepe.

CONCLUSIONE

È ampiamente riconosciuto che un'ottima salute è garantita se ci si allena regolarmente e si segue una dieta vegetariana ben bilanciata. Molti praticanti di yoga seguono una dieta vegana, che è una delle ragioni del loro appetito sano e salutare. Al contrario, una dieta vegetariana ricca di proteine non aiuta lo sviluppo dei gruppi muscolari o della forza. Se vuoi aumentare la massa muscolare, devi seguire una dieta ricca di proteine e la carne e l'avena sono una fantastica fonte di proteine.

www.ingramcontent.com/pod-product-compliance
Lightning Source LLC
Chambersburg PA
CBHW071824080526
44589CB00012B/914